教育人間学のために

西平 直——［著］

東京大学出版会

Encountering with Education
Tadashi NISHIHIRA
University of Tokyo Press, 2005
ISBN 978-4-13-051310-4

『教育人間学のために』——目　次

初出一覧

1章「教育はカマラを幸せにしたか――『狼に育てられた子ども』再考」『研究室紀要』東京大学教育学部教育史・教育哲学研究室、第二四号、一九九八年。

2章「選別・競争・アイデンティティ――階段のぼりのメタファー」堀尾輝久編『講座・学校　第一巻』(柏書房、一九九五年)。

3章「家庭におけるデス・エデュケーション」竹田純郎他編『生と死の現在』(ナカニシヤ出版、二〇〇二年)、および、「デス・エジュケーションとは何か――大人が・子供に・死を・教える」竹田純郎編『〈死生学〉入門』(ナカニシヤ出版、一九九七年)。

幕間劇1「子どもの心の中の性――性の理解・死の理解」東京大学21世紀COEプログラム「死生学の構築」研究報告、二〇〇四年六月十二日。

4章「大田堯における〈生命〉の視点――種の持続としての教育」皇紀夫・矢野智司編『日本の教育人間学』(玉川大学出版部、一九九九年)。

5章「シュタイナー教育のアート――フォルメンが想像力を生むとはどういうことか」佐藤学・今井康雄編『子供たちの想像力を育む――アート教育の思想と実践』(東京大学出版会、二〇〇三年)。

幕間劇2「シュタイナー教育の本質とシュタイナー学校の卒業生たち」吉田敦彦・今井重孝編『日本のシュタイナー教育』(せせらぎ出版、二〇〇一年)。

6章「哲学と臨床心理学」下山晴彦・丹野義彦編『講座　臨床心理学1』(東京大学出版会、二〇〇一年)。

幕間劇3「『やさしさ』へのふりかえり」『UP』、東京大学出版会、一九九四年、一月号・二月号。

7章「実存的時間の風景――ライフサイクルの時間論のために」『教育学年報・4』(世織書房、一九九五年)。

幕間劇4「体験から学ぶとはどういうことか――ふりかえりという時の流れについて」『教職紀要』立教大学学校社会教育講座・教職課程、第六号、一九九六年。

あとがきの一部について「超越軸の断片――教育と超越の交点」(『季刊・仏教　44』、法蔵館、一九九八年七月)と重なる部分がある。

1　教育はカマラを幸せにしたか
――『狼に育てられた子ども』再考

「……その間に、男たちは母親狼を矢で射ぬき、彼女は死んでしまった。なんと、恐ろしい光景だったろう。」

（J・A・L・シング『狼に育てられた子』三六頁）

1　どう語られてきたか

狼に育てられた子ども。その話を私はいつ最初に聞いたのか、思い出すことができない。思い出すのは「またあの話」というため息である。[1]「道徳授業」の副読本にでも出ていたのだろうか。人間に育てられないと狼になってしまう。自分の幸せを当たり前と思ってはいけない……。そんな話だったのだろうか。いつもこの話は「また聞く・聞かされる・聞かねばならない」話であった。珍しさに感動すべきなのだろうが、あいにく、こちらは既に知っている。いまさら、どこで感動したらいいのか。とりわけひねくれた子どもであったわけでもない私にして、既にそうであった。

その私が、ある年の春、まったく突然、この話に取り憑かれてしまった。一九九五年四月。オウム真理教のあの悲しい出来事。富士山麓の「サティアン」から「救出」された子どもたち。ヘッドギアをつけ放心したような子。泣き叫ぶ子。[2] テレビに映るその姿を目にした時、言葉にならない息苦しさと共に、なぜか「カマラとアマラ」のことを思い出した。その関連はうまく説明できない。無性にこの話を思い出した。逃げ込むに近かった。現実の「子どもたち」のことをどう考えたらよいのか、なんら情報を得る手だてがなかったから、「あの話」で埋め合わせをしていたに違いない。

その年以来、私のクラスの学生たちは、この話につき合うはめになった。いまさら何をまた、そう思っているに違いない学生たちを、いかにひっくり返すことができるか。

実はこの話は、私たちを大混乱に陥れる。答えのでない問いが次々と湧き起こる。考え出すと「頭がグシャグシャ」になる。その「わからなさ」をいかに共有してもらえるか。

学生の報告を集めると、「この話」は、教育学はもちろん、心理学や社会学の概論でも、たびたび耳にするそうだ。なるほど、概説書を繙くとよくでてくる（正確には「ある時代の概説書」と限定をつけるべきなのだが、それについては、後述）。入門的な話の枕として、使い勝手が良かったのだろう。それぞれ、都合よく、自分の文脈に話を合わせ、いわば、つまみ食いなのである。

例えば、心理学の入門書には、「遺伝と環境」の枕として登場する。[3] いわく、遺伝的には人間に生まれても、環境が適切でないと人間として育たない。家庭環境の重要性、文化的刺激の必要性。そして「ホスピタリズム」の話になり、こんな悲しくなる文章が続く。「ふつうの家庭で育たないで施設などに収容された子どもたちが、正常な家庭で育った子どもたちにくらべ、どこか違った現象――発達のおくれ（略）や人格のゆがみ（略）など――を示す……」[4]。

「ふつうの家庭」とは、どういう「家庭」のことなのか。あるいは、「おくれ」のない「発達」とは、どういう人生のことなのか。「人格のゆがみ」のない人などいるのだろうか。いずれにせよ、そうした「ふつう」でない、「遅れと歪み」の最たる例として、このカマラとアマラの話が、使われるのである。

別の概説書は、この話を「人間の適応能力の可能性」という文脈に組み入れる[5]。狼の生活にすら適応してしまう人間の適応力。ヒトとして生まれながらも、いかに狼の習性を身につけたか。いかに巧妙に非人間化しえたか。本能に縛られない。可塑性に富んでいる。驚くべき順応性を持っている。

そして、A・ポルトマンの名前が登場し、環境に拘束され本能によって動きが保証されている動物に対して、人間のいかに「世界に開かれて」いることか。「自由を持つ」存在。故に「教育が必要不可欠」となれば、これはもう、立派な教育学入門である。まして、「人間は教育されなければならない唯一の被造物である」とでも、カントの名にかこつけて、翻訳口調の名言が出てくれば、反論もしにくいというものだ。ヒトは教育によってはじめて人間になる。教育の可能な動物。教育を必要とする動物。

しかし、カマラはいつヒトから人間になったのか。それとも、結局、人間にはならなかったのか。あるいは、カマラを育てた母親狼の営みは「教育」なのか。それとも、それは「教育」のカテゴリーには入らないのか。まして、人間による教育はカマラを幸せにしたかと問われたら、どう答えるのだろう。

更に、そうした教育学的関心を一歩押し進めると、この事例は「教育の適時性」の話になってゆく[6]。カマラは、あれほど献身的な働きかけを受けたにもかかわらず、とうとう「回復」しなかった。学習の遅れを「取り戻す」ことができなかった。やはり、発達の適切な時期に、文化的刺激が与えられ、学習が保証されないと「歪み」が残る。いくら適応力があっても、初期学習の「臨界期」を過ぎてしまうと、その後、いくら訓練しても取り返せない。教育には、決められた適時性がある。だからこそ、発達プロセスの適切な時期に、適切な教育が必要になる。発達の法則に応じた教育。

カマラの事例は、まさにその失敗例として登場する。「人間としての充全な発達を」遂げ得なかった最たるものとして語られるのである。

しかし、カマラは、人間になりたかったのか。「遅れ」を取り戻したかったのか。その必要を感じていたのだろうか。一体、カマラは何を望んでいたのか。あるいは、何がカマラにとって、最もつらいことだったのか。

そうした問いを立てながら、同時に心の中で反論している。そんな「ひねくれた」ことを問題にしても仕方がないではないか。どうせ答えは出ない。

そうなのかもしれない。しかし、少なくとも、この話が概論の枕として使われる時、こうした「ひねくれた問い」は問わないという前提があることくらいは、知っておいてもらわないと不公平ではないか。カマラの話を使うことは良い。しかし、いかなる前提の上で、扱っているのか。いかなる問いは「問わない」という暗黙の約束事を持つか。その自覚もなしに、カマラのことをわかったように使うのでは、彼女に対して失礼ではないか。

カマラは人間になりたかったのか。なりたくもないのに、人間になるよう「教育」されたのか。教育は彼女を幸せにしたのか。そして、もし、こうした答えのない問いが場違いであるならば、まさに、それを場違いと感じさせてしまう、その「場」を自覚すること。いかなる約束事の上に成り立つ、いかなる理論地平なのか。それを確認したいと思ったのである。

私は、カマラのことが気になって仕方がなかった。およそ八歳で、人間によって「救出」された、ひとりの少女。彼女は何を感じていたのか。何を望んでいたのか。できうるかぎり、その「内面」に寄り添ってみたいと思ったのである。

2 カマラは何を感じていたか——カマラのライフストーリー

確かにこの話はよく知られている。しかし正確にはわからないことばかりである。ごく簡単に、この少女のライフストーリー（ライフヒストリー）をおさらいしておく[7]。

「八歳くらい」の人間に似た「化け物」。彼女は、そのような姿で歴史に登場する。その「発見」以前、どこで何をしていたのか、歴史的事実としては何一つ確認できない。ただ発見者の報告や、その後の観察記録、証言など、あらゆる情報を総合した時、「狼と暮らしていた」と推測されている。

発見者シング牧師の記録によれば、一九二〇年一〇月一七日、英国領インド、カルカッタの南西一三〇キロ、小さく貧しいゴダムリ村で「発見・救出」。その際、二匹の仔オオカミと、およそ一歳半位の「人間に似た化け物」と一緒だった（本当に「狼と一緒に発見された」のかどうか、その事実確認がこの話の信憑性を左右する点については後述）。

ベンガル出身のインド人、ヨセフ・シング牧師（英国国教会）は、この「二人」を、私財を投じて運営していた孤児院に引き取り、夫婦共々、献身的な世話をする。大きい方を「桃色の蓮の花」を意味するカマラ、小さい方を「明るい黄色の花」を意味するアマラと名づけた。

むろん、この二人が同じ母親から生まれたかどうか、確認できない。小さいアマラの方は、一年の後、腎臓炎で死亡する。カマラは九年間、シング牧師の下で生活し、一九二九年一一月一四日、尿毒症のため、孤児院で死んだ、約一七年の人生だった。

さて、この人生をめぐって、様々な疑問が湧き起こる。

第一、「救出」された時、カマラの年齢を八歳、アマラを二歳と考えてみる。むろん、正確には確認できないのだが、少なくとも、六歳近く年が離れていることになる。その時、六歳の女の子と、乳児とを、狼が同時に拾ってゆくだろうか。六歳近い年齢差のあるこの二人が、同時に、狼に拾われたとは考えにくい。やはり、まずカマラが先に狼と暮らしていて、何年かの後に、アマラが加わったと考えた方が自然ではないか。

さて、そうすると、カマラのいた狼の家族に、ある日突然、「アマラ」が拾われてきたことになる。その時、カマラはどう感じたか。

狼たちは、おそらく「鏡」を見ない。カマラも、自分の（鏡に映った）姿を見たことがなかったはずである。そして、目に入る仲間は、みんな四つ足の狼たちである。とすれば、カマラは、自分もまた、回りにいる仲間たちと、多少手足の形は違っても、同じ姿であると思っていたのではないか。

そうした中に、見慣れぬ「新参者」がやってくる。そのとき、カマラは「仲間が来た」と喜んだか。

むしろ、「見慣れぬ生き物」に鼻を近づけ、いぶかしげに匂いを嗅いでいる姿の方が自然ではないか。しかし、そのうちに、手の形が自分と似ていると感じる。足の長さが似ていると気がつく。一体、カマラは、いつ、この見慣れぬ生き物を、他の狼仲間より、「より親しい」と感じたのだろうか。

その問いは、そのまま、カマラの自己認識の問題になる。カマラは自分自身のことをどう感じていたか。自分を狼と感じていたのだろうか。

もしそうであった場合、しかし、やはりどこか違う。毛並みが違う。声が違い、遠吠えが違う。餌に食いつくとき口が前に出ていないから食べにくい。そうした「違い」の感覚は、カマラのなかで「劣等感」につながったのではないか。暮らしの中で不都合があれば、それは自分に非がある。まさにアルフレッド・アドラーが「劣等コンプレックス」と名づけて見せた、子どもの心理そのものである。

カマラは、自分の才能を正当に評価してもらうことがきわめて困難な状況の中にいた。自信を持つことが困難な状況にいた。

言い換えれば、狼社会で暮らしながら、カマラがそれを「異常な環境」と感じていたとは考えにくいということである。本来育つべきところではない状況にいると感じていたとは考えにくい。それは、ある意味で「みにくいアヒルの子」に似ている。本当は白鳥なのに自分は醜いと思いこみ、自信を持てずにいる。

しかしカマラの場合、問題は、人間に「救出」され、徐々に人間になってゆくことが、白鳥として羽ばたく体験だったのかという点である。カマラはそれを喜んだのか。人間の生活に戻ったことを喜びと感じたのか。それとも実は、人間になることを拒否し続けていたのだろうか。

一体、カマラは、いつ人間の親から離れてしまったのか。親によって「森に捨てられた」のか、それとも、狼に「さらわれた」のか。いずれにせよ、カマラは、まず人間の親から「引き離され」、その何年かの後、今度は、狼たちから「引き離される」。この二度にわたる強制的な「分離・別離・喪失」が、彼女の心理的な基盤になっていたことは間違いない。そこで体験された不安、恐怖、不信。実はそれこそが、カマラを理解する際に、もっとも重要な点なのではないか。

カマラの心の中で、その「実母（産みの親）」は記憶に残っていたかどうか。しかし、少なくとも、カマラは、産みの親と育ての親（母親狼）と世話してくれた親（シング夫人）という「三人」の親を渡り歩いたことになる。

そうした複数の養育者を「たらい回し」にされる経験は、他にも様々にある。では、人間の手を渡り歩くのと、狼の手に回されるのと、何が決定的に違うのか。もしかすると、カマラにとっては、「狼の手」に渡ったことよりも、何度も強制的に引き離されたことの方が、深刻な意味を持っていたのではないか[8]。

それまでの価値観がすべて否定され、新しい価値を強要される。他人など信用できない。いつまたすべてが否定されるか分からない。そこに生じる恐怖感・不信感・屈辱感。それこそが、カマラに寄り添う際にもっとも本質的な問題なのではないか。

エリクソンのライフサイクル理論で言えば、「基本的信頼感」と「基本的不信感」との分岐点（危機）という、その一番大切な時に、決定的な「不信感」が形成される。他人など信用できない。甘えることなど決してできない。怯えと疑いの入り混じった上目遣いで周囲をうかがうしかない。そうした心理的な基盤の上に、過酷な運命は次々と彼女の心に「疑惑」や「罪悪感」や「劣等感」を植えつけていったのではないか。

むろん、こうした「思い入れ」の強い話に反発する学生は、毎年いる。そんな「心理学」など二の次、三の次。カマラは生きることで精一杯。食べることが出来れば何でもよかった。せいぜい快不快の区別があっただけではないか。

結局は、そうした批判を受け入れつつも、しかし、そうした理解のために、カマラを人間になりそこなった「失敗例」として見る危険を、私は警戒する。一度、カマラを一人の女性として、可能な限り私たちに引きつけて理解し、その上で、その「思い込み」を少しずつ手放してゆく。その手放してゆくプロセスこそ大切なのではないか。学生たちにも、そのプロセスを共有してほしいと考えたのである。

第二の疑問。いったい狼はどうして人間の子を育てる気になったのだろうか。出産後すぐに生まれたわが子をなくした雌狼は、あふれる「母性ホルモンにつられて」、ヒトの子でも育てる可能性があるという。しかし、狼の乳については、栄養豊かという話もあるが、実際は、栄養価が高すぎて、それを飲んでもヒトの子は育たないという（その点からみると離乳食以前に狼と暮らすことは想定不可能である(9)）。

ただし、最近の狼研究を見る時、「獰猛なオオカミ」というイメージは、その実態とあまりに懸け離れている(10)。その群れは、およそ二〇頭（二、三頭の群れもいれば三〇頭の群れもある）。長期間にわたり同じ群れをなし、同じ巣穴に住み、同じテリトリーで狩りをする。その社会生活はかなり組織だっていて、オス・メス共に、序列がはっきりしている。夫婦になり出産可能なのは、最上位のオスとメスのみ、狼研究でいうところの「アルファ・オス」と「アルファ・メス」のカップルだけである。他のものたちは、交尾すら許されない。シートン動物記「狼王・ロボ」でも、その夫婦の固い絆は既に知られていた。

毎年、四、五月ごろ、四匹から六匹の子どもが誕生し、乳離れは五週間。しかし、野生の狼の場合、乳児死亡率が高く、五ヶ月で死亡率が六〇%を越えるという報告もある。八週間のあいだは巣穴の入口近くで子育てに専念する。子育て中の親狼の子煩悩は有名で、しつけや、狩りの訓練もかなり徹底している。およそ犬と同じく、約一年で「成人」するが、性的成熟までには、雄は三年、雌は二年かかり、多くの場合、その頃まで群れにとどまる。その家族の仲睦まじさについては、今日、様々な報告を見ることが出来る。(11)

では一体、そうした狼社会の中で、カマラはどういう存在だったのか。ヒトの子どもが狼の子どもと一緒に母親狼の乳を飲む姿は思い浮かぶ。しかし、ずっと「育てられていた」のだろうか。

確かに、しばらくは、子どもと同じ扱いで育てられていたのだろう。しかし三年もいれば、もう「子ども」ではないはずだ。狼社会の中の序列も、かなり上位になっていたことだろう。カマラは、その中で、ずっと間借りの居候として、世話になり続けていたのだろうか。

もしかすると、彼女はある時期から、群れの中で、それ相応の仕事を務めていたのではないか。たとえば、新しく生まれる赤ちゃん狼を、母親狼と一緒に「育てていた」。一方的に世話されていたのではない。母親狼（アルファ・メス）にとって大切な同居人。あるいは、母親狼も、カマラから学んでいた。それこそ、持ちつ持たれつの相互関係を、狼たちと作り上げていた。もしかすると、先代の親狼とは死に別れ、次の母狼（アルファ・メス）の後見人であったかもしれない。

そう考えてみれば、「狼に育てられた子ども」は、「狼を育てた子ども」であったのかもしれないことになる。カマラは、狼社会の中で、「一人前」に生活していたのではないか。

むろん想像の域を出ない。批判は覚悟の上である。しかし、狼と共に暮らし、とうとう最上位（アルファ・オス）の地位に昇りつめた現代ドイツ人ナチュラリストの報告などを見る時[12]、あながち、こうした想像を戯言と笑うわけにはゆかないのではないか[13]。

しかし、より重要なのは、一度ここまで想像を広げてみないと、「救出」という体験のカマラにとっての意味が見えてこないという点である。

そこで第三。カマラにとって「救出」とは、どういう体験だったのか。

村人たちは、しばらく前から「化け物が出る」と恐れていた。手足はあるが、髪の毛が胸まで覆った、まるで得体の知れない「化け物」。その村人たちの依頼に応え、シング牧師は、その化け物が住むという（三メートルを越える）白アリ塚の近くを捜索した。

「子ども狼のすぐ後から、化け物——恐ろしい形相をした生き物が現れた。手・足・体は人間のようだった。しかし、頭は何かの玉みたいで、（頭の毛が）肩や胸の上部をおおい、顔はその鋭い輪郭が見えるだけだった。そのすぐ後にもう一匹、最初のとそっくりだが、幾分小さめの、恐ろしげな生き物が出てきた。それらの目は輝き、刺すように鋭く、人間の目みたいではなかった……」（シング『狼に育てられた子』三三頁）。

しかしこの時は、「化け物」たちは逃げてしまう。それから一週間の後、今度は周到に白アリ塚を包囲し、慎重に穴を掘り始める。まず二匹の狼が出てきて逃げ去った。その後、三番目の狼が現れ、荒れ狂ったように走り回り、歯をむき出して穴掘り人夫を襲撃した。恐怖に駆られた彼らは、牧師が制止する暇もなく、矢でその母親狼を射抜いてしまった。

「後は簡単だった。……すみっこに、二匹の子ども狼ともう二匹の恐ろしい生き物とが、まるでモンキー・ボールのように、しっかりと絡まりあっているだけだった。実際のところ、それらを一つずつ引き離すのが一仕事だった。狼の子どもよりも化け物の方が凶暴で、恐ろしい形相をしたり、歯をむき出したり、時には私たちに向かってきたり、また固まり合おうと、走りもどったりした」(同上、三七頁)。そこで牧師たちは、大きな布を彼らにかけ、一匹ずつ引き離しては「頭だけ自由に動けるようにしておいて、布で縛り上げた」(同上)。

これがシング牧師の報告する「救出」である(ただし後に見るようにこの記述自体が客観的な事実であるという保証はない)。では一体、この出来事を、カマラはどう体験したのか。この場面において彼女が「助けが来た」と感じたとは考えにくい。むしろ侵略である。住みかは襲撃され、仲間は捕獲され、母親狼は殺される。すべてが奪われ、捕虜になったのである。しかも、まるで歓迎されない。それどころか、恐怖に駆られた村人たちは、捕獲の直後、「化け物を射殺しようとすぐ鉄砲を構えた」。「捕獲」の後、事態は更にひどいことになる。やっと立てる程度のごく狭い柵に閉じ込められ、食べ物も飲み物も与えられず、「飢えと渇きと恐怖」の中に、シング牧師が村を離れた六日間、放っておかれたのである。村人たちは「化け物」への恐怖から、村を逃げてしまったというのである。

八歳前後の女の子が、ある日突然、「異人」の襲撃を受け、親を殺され、囚えられたまま六日間、水も与えられずに閉じ込められる体験。それが「救出」として語られてきた出来事である。そこに生じる恐怖感、不信感。心の奥の深い傷。これもまた、想像の域を出ない思い込みというべきなのか。

第四、では一体、シング牧師は、なぜ、村人の恐れる「化け物」を「救出」しようなどと考えたのか。そこには様々な要因が絡んでいるのだろう。しかし、その根底にキリスト教的人間愛があったことは間違いない。実際、牧師夫妻は献身的な援助を続けた。それを非難することはできない。

にもかかわらず、もしかすると、「救出」するというそのこと自体に、無理があったのではないか。報告によれば、この地方の住民たちは、「かなりしばしば赤ん坊を遺棄して」いた。[14] それは、子どもの生きる権利を奪う行為には違いないが、もしかすると、捨てられた子どものいくばくかは、動物と共に生きてゆくことを、人々は知っていた。どうせ、極貧生活の中で飢える。まして、障害があったりすれば、「忌み嫌われ、粗末にされ……」。それなら、わずかでも、生きる望みのある方に、と考えたのではないか。そして、時に「人間に似た化け物」の噂が立つ。無意識的な「罪悪感」に後押しされて、恐怖は過剰なものになる。

しかし、土地の人びとは、決して、その化け物を「救出」しようなどとは考えなかった。もはや、人間と思わなかったのかもしれない。あるいは、人間と知っても、世話する余裕などなかったのだろう。もしくは、古い言い伝えがあった。一度森に手渡した子どもは、もはや人の世では生きられない。連れ返すな、戻ってきても、本人が苦しむだけだ。獣と暮らす天命にある身を、人為によって曲げてはならない。森で生きる運命に逆らうな、そっと、そのままにしておけ。そうした、深い知恵が働いていたのではないか。[15]

ということは、逆に、野山に遺棄され、そのまま狼と暮らし続けた子どもが、他にもいたということになる。ただ、私たちは、その「存在」を、知ることがない。記録がない。報告がない。「当人たち」は、あらゆる意味において、わが身の存在を語らないからである。[16]

狼社会で生き、そしてそのまま死んでいった子どもたち。その人生に思いを寄せてみる時、あらためて、カマラの運命は不思議である。一度、狼社会に行き、そして再び人間社会に還ってくる。それは彼女にとって喜びだったのか、それとも、二倍の苦しみだったのか。

繰り返すが、カマラを引き取ったシング牧師夫妻は、本当に献身的な世話を続けた。とりわけ、婦人による丁寧な「マッサージ」が、おびえるカマラの気持ちを楽にさせたという。悲しいほどよくわかる。時間をかけ、手の温もりが伝わってゆく。守ってくれる存在、安心していられる存在。そうした存在に支えられて、カマラは徐々に「人間らしさを取り戻して」いった。

しかし、この、何気ない「人間らしさ」という言葉こそ、実は、最大の落とし穴ではないか。カマラが牧師夫人に寄り添ってくると、カマラに「人間らしい愛情」が戻ってきたという。しかし、互いに体の温《ぬく》もりを伝え合っていたのは、むしろ、狼たちである。それは「人間らしさ」ではなくて、狼と暮らしていた頃の安心感、つまり、カマラに即してみれば「狼らしさ」が戻ってきたということである。人間によって破滅に追いやられた、狼らしい温もりがカマラの内に戻ってきた。それが、何の疑いもなく「人間らしさ」と置き換えられてしまうのである。

そう思って読み直してみると、シング牧師の『養育日記』には、随所に「ある人間観」が、当然のように語られている。

シング一家は、何より「しつけ」を重視した。きちんと衣服を着、ナイフとフォークで食事をするようになること。それがカマラに期待される「人間らしさ」だった。たとえば、カマラたちは、発見された時、胸まで髪の毛に覆われていた。孤児院に来てしばらくの後、その髪も切られてしまう。「彼女らは見違えるようになった」。『養育日記』は簡単にそう記録するのだが、しかし本人たちにしてみれば、突然、無理やり、身の一部を切り落とされる体験だったはずである。その不安に思いを馳せる記述は、『日記』には見られない。

その『日記』は、いかに狼の習性から離れることが困難であるか。「人間らしさ」を獲得することの困難を、何度も繰り返す。とりわけ、牧師はカマラが生肉を食べることを嫌った。是非とも止めさせようとする。しかしカマラは生肉はおろか、動物の死骸にまで喰らいついて、牧師を落胆させる。記録によると、臨終の床でも、カマラはヤギの生血を喜んで飲んでいる[17]（C・マクリーン『ウルフ・チャイルド』二〇五頁）。しかも主治医までが、動物の生血が病床の彼女に消化できる唯一のものであると判断したというから、シング牧師にしてみれば、最後まで「動物の属性」から切り離すことができなかったことになる。

シング牧師にとって、狼の属性は、すべて捨て去るべきものであった。捨て去って当然、そこから離れることこそ望ましい。それはシング牧師にとって何ら疑われることのない無条件の前提だったのである。だからこそ、狼の属性を奪われてゆくカマラの不安を思いやる記述は、まったく見られない。まして、失われてゆく狼の属性を肯定的に見る視点など、微塵も残さない。そこにあるのは、狼の習性を捨てることを絶対の正義とみる固い信念であり、無理やり強制してでも、カマラから狼らしさを奪い去ろ

アマラとカマラは重なりあって眠った

速く走る時の走り方

鳥の内臓を食べているカマラ

いずれもJ. シング『狼に育てられた子』（中野善達・清水知子訳）福村出版，1977年より引用．

うとする固い意志であり、そして何より、それが彼女のためになるという揺ぎ無い確信だったのである。

ここで、思考実験をしてみる。もし、カマラを世話したのが、キリスト教の牧師夫妻でなかったら、どうだったか。例えば、もっと土地に根ざした、名もない生活者。例えば、梵我一如の境地に至ってしまったヨーガ行者。生肉を直接食べるのも結構。時には、四足で歩くのも良いだろう……。もし、そうした人たちの世話になっていたら、どうだったか。

そして、もし、そうした想像に無理があるとしたら、それは、こんな「化け物」に「人間らしさを回復させようと世話する」という、その発想それ自体が、ある特定の人間観において、初めて可能になったことの例証になる。

その「人間観」が、西洋近代なのか、キリスト教なのか、それは問わない。しかし、いずれにしても、カマラの世話を可能にさせた人間観が、狼と共に暮らしていたカマラの生活スタイルからは、最も遠い距離にあったということである。乱暴に言ってしまえば、カマラは、文明進歩の最も「遅れた」地点から、最も「進んだ」地点にまで、無理やり引っ張り上げられた。そして、その「最も進んだ」人間観に近づくことが、「人間らしくなる」という言葉と共に、絶対の価値基準になっていた。

シング牧師は、この「哀れな」少女にも「キリストの福音」を伝えたいと願った。そして実際、カマラは洗礼を受けている（C・マクリーン『ウルフ・チャイルド』一六四頁）。私はそこにやましさを見ようとは思わない。それは牧師にとってまぎれもなく「愛」のわざである。にもかかわらず、その「愛」には、相手を「哀れ」と思う気持ちが含まれる。哀れな生活をあらため、祝福された生活へと導く。その価値序列。

そして、見てきたように、その価値序列の「上昇」こそが、カマラの「人間らしさを取り戻す」プロセスであった。ということは、この「価値序列」こそが、実は、カマラを最も苦しめていたことになる。カマラの最大の逆説は、「自分を最も苦しめる人間観」にして、初めて「世話」を受け得たということである。この人間観でなかったら、誰がこんな「化け物」に、「人間らしさの回復」などと考えたか。そして、ここまで来て、ようやく最初の問いの核心に達する。はたしてカマラは「人間になる」ことを望んだのだろうか。

3　話の信憑性——歴史的事実をめぐる批判的見解

核心の問いに入る前に、一度、頭を冷やしておく。本当にカマラたちは狼に育てられたのか。その話の信憑性をめぐる問題である。

周知の通り、この議論は何度も繰り返されてきた。たびたび新聞紙上を賑わせ、様々な学会誌上で論争があった。狼がヒトの子を育てるはずがないという頭ごなしの批判から、カマラたちは森に捨てられていただけであるという見解まで、様々な批判が続いた。(18)

そのひとつ、カマラたちを「障害児」とする見解がある。狼に育てられたのではなく、障害のために森に置き去りにされた障害児たち。

なかでも、シカゴ大学の精神分析医、著名なブルーノ・ベッテルハイム博士の手になる論文は、かなり説得力がある。博士は大学付属の養護施設で「幼児自閉症」の子どもたちを観察する中で、彼らの行動がカマラたちの記録と「まったく一致する」と言う。「カマラの行動は、文献に記されている幼児自閉症の子どもたちの典型的行動である」。

しゃべらない。笑わない。人との接触を避けて引きこもる。臭覚や触覚の異常な過敏。知的で考え深げな顔つき。その他、自閉症児の中には、皿に口をつけて直接食べる子どもたちもいたし、寒さに対してまるで無感覚な子どももいた。つまりカマラの特徴的行動は、わざわざ狼と暮らさなくても、シカゴの養護施設で観察される。したがって、その行動をもって、狼と暮らしていた証拠にすることはできないというのである。

ただ、その中でひとつだけ、「四つ足で歩く」という行動は例外である。直立歩行のできない自閉症児は観察されたことがない。そう認めた上で、ベッテルハイム博士はこう推測する。牧師の日記によれば、カマラたちは捕らえられた後、すぐに狭い柵に閉じ込められ、飢えと渇きの中で六日間を過ごした。更にその後、今度は七日間、捕らわれたまま、（孤児院のあるミドナプールの町まで）運ばれている。つまり、捕獲の恐怖も冷めやらぬまま、歩くことも許されずに連れ回される。そうした場合、「幼児性への完全な退行」が生じても不思議はない。四つ足歩行は、幼児段階への退行の一部として生じた現象にすぎない(19)。

そして論文をこう締めくくる。彼らの行動は狼に育てられた結果ではなく、脅え続ける経験と結びついた情緒的孤立の結果である。狼が母親のように行動した結果ではない。むしろ、人間の母親が（狼のように）残酷な行動をとった結果である。

こうして、カマラたちは、情緒的・身体的に障害があったために、親によって遺棄された子どもであったと結論を下すのである。

しかし、発見された時、狼と一緒だったのではないか。その点に関するシング牧師の証言を、博士は信用しない。本人の証言しかない報告を客観的事実として認めることはできない。むしろ、牧師は、その後のカマラたちの行動が「狼に似ている」という観察から、「狼と暮らしていた」と信じ込んだのではないか。そう述べて、話の前提ともいうべきシング証言を、あっさり退けてしまうのである。

実は、この点こそ、この話の信憑性をめぐる最大の論点である。カマラが「狼と共にいた」という事実は、ひとえに、このシング証言にかかっている。つまり、この話をめぐる歴史的事実の探究は、結局、シング証言に帰着してしまうのである。本当に牧師は、カマラが狼と一緒にいる場面を見たのか。「救出」の際、「化け物が狼たちと共にいた」という証言は信用してよいか。それとも何らかの作り事が含まれているのか。その点にすべてがかかっていることになる。もしその証言が崩れるならば、カマラと狼との関係は切れてしまう。たとえ孤児院に保護されたカマラが四足で歩こうが、生肉を食べようが、それだけでは、狼と共にいたことの証明にならない。

では一体、この「救出現場証言」は信用できるのか。まさにその問いに焦点をあわせ、丹念に資料を集めた労作、チャールズ・マクリーン『ウルフ・チャイルド』[20]は、たとえば次のように、その調査の困難を報告する。

まず、マクリーンは、「福音伝道協会のロンドン公文書館」で、シング牧師の手になる先輩宛の報告書を発見する。そこには、「二人の少女が村人によって発見され、その後、自分の手に渡った」と書かれていた。とすれば、シング牧師はその現場にはいなかったと、自ら報告していたことになる。

ところが、インドに渡ったマクリーンは、今度はその「報告書」に疑いを持つ。それは、上層部を欺くための虚偽報告だったのではないか。カマラ救出の際、牧師は「狩猟の旅」の途上であった。伝道協会の上層部にそうした趣味を知られぬよう、その場にいないことにした。牧師をよく知る人たちから、そのような示唆を受けたというのである。

マクリーンによると、シング牧師の証言には、他にもいくつか、一貫性を欠く点がある。マクリーンは、そうした点を好意的に理解し、カマラに関する質問に悩まされた牧師が、時に慎重さに欠ける発言をしたのではないかと推測する。たとえばカマラが存命中、牧師は一方で、カマラを人目から隠すと同時に、他方では注目を集める機会を狙っている。こうした話が信用されずに何度も屈辱的な体験をする中で口を閉ざしてしまったと同時に、ある時は、経営の悪化した孤児院の寄付を集めようと、カマラへの注目を画策していた。

まして、一九二六年、シング牧師の意図せぬことから、英国の大衆紙がこの事件を大々的にすっぱ抜き、欧米世界から注目が集まるようになると、今度は、無神経な研究者たちからの批判に追い立てられ、『日記』の出版をめぐる紆余曲折に巻き込まれる。そうした出来事に翻弄される中で、牧師の発言は、時々の状況に対応すべく、そのつど微妙に変化してしまう。したがって、同情はするが、その発言をすべてそのまま鵜呑みにすることはできないというのである。

そして最終的にマクリーンは、「気が進まない」としながらも、シング牧師の「救出現場証言」に疑いを持つようになってゆくのである（C・マクリーン『ウルフ・チャイルド』二八一頁）。

ところで、この「救出現場」には、シング牧師の他にも、現地の村人たちが数人いたはずである。そ

シング夫妻とカマラ（1926 年 11 月）
『ステーツマン』紙のためにポーズをとる.

孤児院の者たち．カマラはシング夫妻の間で，地面に座っている．
上下いずれもマクリーン（中野善達訳）『ウルフ・チャイルド』（福村出版，1984 年）口絵より引用.

の村人から証言を得ることができないか。マクリーンはインドに渡り、その何人かを探り当てている。ところが、その証言もまた、鵜呑みにできない。確かに、その現場にいた男たちは、皆一様に、シング証言を支持する。たとえば、当時一六歳でその場に参加したというラマ・マランディ老人は、シング牧師がその場にいた様子を、明確に描写してみせたという。

しかしマクリーンは慎重になる。「インド人には、憶測と事実を混同するというか、自分の知っていることよりも、相手が聞きたいと思うことを言うという傾向が見られる」（同上書、二八三頁）。

そこで反対尋問を用意し、事実の裏づけを取ろうとするが、結局、確たる証拠には至らない。誰もがカマラの話を事実と語り、しかし誰一人として確たる根拠を持っていない。「シングに対して賛同しなかったり、敵意を表わす人の中にさえ、誰一人として、狼っ子が作り話だったかもしれないとか、精神薄弱児だったかもしれないということに賛成する者はいなかった」（同上）。

こうしてマクリーンは、シング証言に関して、何一つ新たな証拠を提示できないことを認めながら、最後に調査の焦点をシングという人物に絞り込んでいる。一体、この牧師は信用に足る人物なのか。

彼（ヨセフ・アムリト・ラル・シング）は背も高く肩幅も広く、ベンガルの村人から見ると巨人とも言えるほどの大男であり、好戦的な振る舞いが見られたという。晩年には怒りっぽく抑うつ的になり、周囲からは、短気で傲慢で複雑な性格と見られていた。カーストはクシャトリア（武人）に属し、先祖は代々軍人。五人兄弟の長子であった彼は、メソジスト派のミッションスクールで教育を受け、一族で初めてカルカッタ大学に合格する。大学と並行して神学校に学び、ミッションスクールの校長資格を持った教師として働き、一九一二年、助祭に叙階され、「孤児院」を運営しながら、宣教活動を展開していた。

マクリーンが注意を促すのは、シング牧師がキリスト教会に忠実であり、英国的理念に燃えていた点である。その結果として、母国インドの文化に対しては冷淡になる。たとえば、ガンディを非難し、インドの安定を乱す者として嫌っていた。ところが、インドの自治回復を求める新たな民族主義の高まりの中で、彼は支配者側として批判され、孤立してゆくことになる。

そうした政治的立場と、「狼らしさ」への断固たる拒否、あるいは、英国的マナーを基準とした「人間らしさ」の強調とは、重なり合う。土着の文化を西洋的な近代文化へと「高める」こと。それが、英国領インドにおける英国国教会牧師シングの価値基準であった。カマラは、まさにその価値基準にそった教育を受けたことになる。

マクリーンはその丹念な調査の末に、シング牧師の救出現場「証言」に対して懐疑的になる。そこには、何らかの作り事が含まれていたのではないか。本当は、カマラたちが狼と一緒にいるところを見ていなかったのではないか。しかし逆に「見ていない」という証拠も確認できない。結局はすべて藪の中である。

しかし、もしこの話が、本当に作り事《フィクション》であるとしたら、ひとりの牧師の「作り事」が、いかに世界を翻弄したか。その『養育日記』を校閲した心理学のA・ゲゼル、遺伝学のW・ゲーツ、人類学のR・M・ジングを始め、この話の追跡調査にのめりこんだ研究者は数知れない。まして、人間諸科学における引用まで視野に入れると、その影響範囲は膨大なものになる。なぜこの話は、ここまで人の心を捉えてしまうのか。その問題自体、ひとつの大きな課題として私たちに残されることになる。

こうして歴史的事実性に関する問いは、何らの解決も見ない。その代わり、副産物として、次々と新たな問いを生み出してしまうのである。

4　教育は彼女を幸せにしたか――教育、そして／あるいは、幸せ

さて、最後に、核心の問い。カマラは、人間になりたかったのだろうか。なりたくもないのに、人間になるよう「教育」されたのか。一体、教育は彼女を幸せにしたのだろうか。

私たちが「聞かされた」のは、ヒトは教育によって人間になる、その失敗例としての教訓だった。生物学的にヒトと生まれても、人間によって育てられないと人間になれない。教育の必要性、文化的刺激の重要性。その時、「人間になること」は、なんら疑われることのない、当然自明の正当性であった。

シング牧師は「化け物」に、人間らしさを取り戻させようとした。この「野蛮で哀れな」姿で生きるより、「人間らしく」生活させたい。それが「その子のため」になると考えたのである。しかし、人間らしく生活することが、本当に「彼女のために」なったのか。狼として生きるより、人間として生きる方が、なぜカマラの「ためになる」と言えるのか。どうして何の疑いも抱かなかったのか。(21)

少なくとも、カマラは「人間になる」ことを、自分で選んだわけではなかった。自分で納得して戻ったのでもない。強制的に収容されたのである。そして、仲間たちは虐殺され、あるいは売り飛ばされてしまったのである。

それだけの犠牲を払っても、なおかつ彼女を「救出」する必要があったのか。「人間になる」ことの

正当性は、カマラの場合、なんら自明ではなかったはずである。彼女の場合、そのまま狼たちと共に暮した方が、より「彼女のため」になった可能性もある。その可能性を暴力的に抹殺したことに対する自覚が、あまりに少なかったのではないか。その痛みに対する共感が、あまりに少なすぎたのではないか。

それが、「人間になる」ことを無条件に肯定したまま、カマラを使った一連の概説書への、私の不満である。まして、「ヒトは教育によって人間になる」、その「成り損ね」のケースとして、彼女を使い捨てにした人たちへの、私の抗議である。

そうした思いに駆られ、この問題とかかわり始めて約十年。学生たちと様々な議論を重ねてきた。「教育人間学概論」というクラスの初回。個別のテーマに入る前の、教育人間学という問いの地平に馴染んでもらうための導入である。

学生たちは、話を聞いたあと、感想（コメント）を書く。ということは、私はこの十年間、相当数のコメントを読み続けてきたことになる。そこから得た刺激は計り知れない。様々な批判を受け、自分では気がつかない偏りをずばり見抜かれたりもした。同じだけ、思いもよらぬ指摘に感心し、奇抜な発想に励まされもした。

たとえば、そのひとつ。「……カマラはシング牧師をアルファ・オスと見たのではないか……」という発想。つまり、カマラは人間社会に戻ってからも狼の習性に従っていた。狼社会の掟に沿って行動していたのであって、人間に戻ったわけではないというのである。

それに同調するかのように、別の学生はこんなふうに考える。「……カマラは十七歳前後で死んだというが、それは、狼としての寿命を全うしたということではないか……」。つまり、カマラは狼として生き、狼として死んだ。若くして死んだと見るのは人間の勝手であって、狼の体として生きたと見れば、十分に寿命を全うしたのではないか。狼と同じものを食べ、狼と共に暮らしたカマラは、生理学的にも狼と同じ「からだ」になっていた。

あるいは、想像の翼を広げ、「……もし、シング牧師が先に死んだら、カマラはどんな態度を見せただろうか……」と書く学生もいた。むろん、「妹」アマラの死に際してカマラが涙を見せたことを受けての想像である。カマラは牧師をどう思っていたのか。ただ恐れていただけだったのか。それとも、大切な恩人と思っていたのか。もし先に死んだら、カマラは涙を見せたのだろうか。

こうした発想は、私に多くの発見をもたらした。「事実」の限定に縛られていただけではとうてい聞こえて来なかった微かな声が、思いもよらぬ想像に助けられて、姿を現わしてくる。

しかし、それと共に、この問題の複雑さが身に沁み、以前ほど明確な態度をとることができなくなった。最後に、学生たちのコメントも交えながら、少しだけ、そうした混迷した状況を整理しておくことにする。

第一の論点、カマラを人間社会に戻したことは妥当であったか、その是非をめぐる問題である。一方にそれを是とする、あるいは、それは仕方のないことだったとする見解があり、他方にそれを否とする、つまり、戻さぬほうが良かったとする見解がある。

この場合、戻すべきではなかったとする方が、筆の勢いはよい。カマラを連れ戻したことは人間の身勝手に過ぎない。「人間らしさ」の押し付けは、カマラにとって苦痛でしかなかった。

当然、その視点は「教育」という営みに含まれる「抑圧性・暴力性」の指摘につながってゆく。愛という名の迫害。子どものためにという名の押し付け。子どものために（カマラのために）善かれと思って為すことが、本当に子どものために（カマラのために）なるのか。実は、価値を押し付けているだけではないか。大人の自己満足に過ぎないのではないか。

教育は大人の自己満足に過ぎないと思ってきたが、このカマラの話で改めてそうした思いを強くしたという学生。「教育は善きもの」と思い込んでいた自分に初めて気づいたと報告する学生。

しかし、それでは、逆に、カマラをそのまま放置しておくほうが良かったか。もしその場にいたとして、助けずに見過ごすことができたか。「……もしそれが身内だったらと思うと、そのまま何もしないほうが良いとはとても言えない」。それも真実ではないか。

仮に、教育という営みが、不可避的に抑圧であり暴力であるとしても、ではそこから手をひいて、何もしなければ、それでよいのか。大人が子どもになんら働きかけないことが、最も望ましいことなのか[22]。

おそらく、ここまで問いが進んできて、始めて「教育とは何か」という問いが、切実に学生たちの胸に突き刺さる。だからこそ、ある学生は、開き直って、猛烈な反撃を試みる。

「……もっと割り切って考えるべきだ。教育は押し付けである。むしろ、押し付けであってよい。……子どもを社会に適応させるために、大人が子どもに社会の規則を教え込むこと、それが教育である。だから、教育は必要悪として考えるべきだ。」

そうであれば、カマラを「人間にする」教育は、まさに「教え込み」であってよい。それがカマラのためになるかどうかは、二の次。まずは、人間社会に適応させる必要がある。そして、また、そこから見れば、カマラの内面に寄り添う試みなど、たいした意味もない。子どもの内面に寄り添ったところで、結局、答えは出ない。むしろ自信を失うだけのこと。もっと割り切って考えないと教育する側は自信がもてない。カマラに寄り添う試みは、そうした批判の矢面に立つ。

むろん、私自身は、教育を押し付けと割り切ることはできない。しかし、それを個人的な思いとして語ることはできても、その根拠を示しながら説得的に「論証する」ことができない。なぜカマラに（子どもに）寄り添うことが必要なのか。なぜそれが「よりよい」視点であると言えるのか。私にできることは、自らの立場に対する批判を明確に自覚し、それと対峙しながら、自分の思いを、ひとつの見解として浮き彫りにし、その論点を明確にしてみせるだけである。

教育はカマラを幸せにするとは限らない、にもかかわらず、教育を放棄しても、問題は解決しない。そうであれば、何らかの「働きかけ」を工夫するしかない。その問題状況を、学生たちと共有することができるだけである。

第二の論点、一体、カマラは何を失って、人間らしさを獲得したのか。むろん、この問いが、「子どもは何を失うのと引き換えに大人になるのか」という問いとセットであることは言うまでもない[23]。

カマラの場合「狼らしさ」を失った。「狼らしさ」を失うのと引き換えに「人間らしさ」を獲得した。問題は、その「狼らしさ」に正当な価値が、まるで与えられていなかったという点である。シング牧師の『養育日記』には、カマラから失われてゆく「狼らしさ」に対する思いやりが見られない。

確かに、人間になる訓練の過程で、狼らしさが失われてゆくことは仕方がない。しかし、その失われてゆく「狼らしさ」を頭ごなしに拒絶するということは、それまでの彼女の存在を、全面的に否定するということである。そこに、何らか工夫の余地がないか。

たとえば、学生たちはこんなアイデアをだす。

「……牧師はカマラから遠吠えを学んだらよかった。牧師はカマラに言葉を教え、逆に、カマラから遠吠えを習う。そうすれば、もう少しカマラは楽だったのではないか。」

あるいは、四つ足で走ることを認めたらよかったではないか。四つ足で走る能力を持続させることによって、バイリンガルの様に、狼の能力と人間の能力との共存を工夫したらどうか。

つまり、失われてゆく「狼らしさ」にどれだけ思いを馳せることができるか。教育の名のもとで失われてゆくものに対して、どれだけ正当な価値を与えることができるか。ただ拒否するのではなく、むしろ「狼らしさ」を保存しつつ、「人間らしさ」と統合してゆく。そうした「バイリンガルの発想」こそが工夫の鍵であるように思われる。

論点の第三は、「幸せ」(24)の問い。正確には「教育はカマラを幸せにしたか」という問いの立て方それ自体に対する批判である。

「……幸せかどうかは、本人に聞いて見なければわからない。」

「……もしカマラが自分のことを語れるようになったとして、自分のことをどう語っただろうか。」

一体、どの時点で、幸せを判断すればよいのか。「カマラは、その死の床で、何を思っていたのだろうか。」

しかし、むしろ、こうした「幸せ」という問いの立て方それ自体が問題ではないか。そのひとつ、教育が「幸せ」をもたらすという前提に対する批判。教育を「幸せ」と結びつける必要はない。先にも見たように、教育を社会維持の機能と考えれば、子どもの「幸せ」が最終目的にはならないはずだ。
むろん、私はこの見解に同意しない。同意はしないが、こうした見解が成り立つ地平は共有する。そして、その地平から見るとき、私の不問の前提が浮き彫りになる。「教育は（大人が子どもを教育するという営みは）子どもに幸せをもたらすことを目的とする」。それは私にとって譲ることのできない土台である。にもかかわらず、今度もまた、その根拠を示すことはできない。あるいは、私は「子どもの幸せを目的としない教育」の存在を否定できないまま、あらためて「教育とは何か」という問いの前に立たされることになる。

幸せをめぐるもうひとつの批判は、「幸せ」を問うても仕方がないというもの。

「定義ができない「幸せ」をめぐって議論しても意味がない。」

「……語りえぬものについては、沈黙しなければならない。」

しかし、そうした「幸せ」の次元を無視した、いわゆる「科学的」研究だけでは、事態の全体像が摑めない。せめて、いわゆる「実証的」研究が、何を捨象した上で（括弧に入れた上で）成り立っているのか。あるいは、捨象というその事実だけでも、自覚しておいてもらわないと、不公平ではないか。その意味で、教育人間学の問いは、教育をめぐる実証的研究が捨象してきたその括弧の中を、一度、掘り返してみる作業である。

こうして、「教育はカマラを幸せにしたか」という問いは、自らその足場を掘り崩しながら、様々な問いを私たちの前に切り開いてみせる。そうした問いが、学生たちの（私たちの）からだの中に根付いてゆくこと、それを私は期待しているのである。

最後に、もう一度、学生たちのコメントを紹介して終わることにする。

「……カマラは自分のことを好きになれただろうか……」

おそらく、自分の問題に引きつけながら、ある学生はこう書いた。逆説的に聞こえるとしても、子どもは（人は）、ひとりでは、自分のことを好きになれない。誰か他の人から愛され、誰かに受け入れてもらう経験がないと、自分ひとりでは自分のことを好きになることができない。牧師夫妻の献身は、過酷な運命に翻弄されたカマラの心の傷を、どこまで癒すことができたのだろうか。そしてまた、こうした問いを思いつく学生は、自分のことを好きになれたのだろうか。

「うちの犬は幸せなのか。もし幸せでないとしたら、彼にとって自然に生きるとはどういうことなのか……」。

それを受けて私は「動物園は植民地である」という議論を紹介し、あるいは逆に、人工飼育で育った鳥たちを自然に帰そうとする努力を紹介する。そして、地球生命体における人類の役割に問いを広げる。この地球の歴史の中で、なぜ人類だけがこれほど身勝手な「幸せ」を享受してよいのか。あるいは、私たち人類がもはや地球の自然の一部ではなく、そこから飛び出てしまっている状況の中で、私たちは他の生き物といかに関わったらよいのか。

そうした問いの延長ということになるのだろうか、ある学生は、こんな想像を膨らませてくれた。

「……突然、宇宙人がやってきて、君は、本当はもっと高度な種族だという。今まで人間社会にまぎれてきたから、救出する。そう言われて、この社会から切り離され、全く新しい環境につれてゆかれ、言語はもちろん、あらゆる人間的な習慣が「卑しいもの」として拒絶され、全く新しい訓練が始まる。

それを自分は喜べるか。家族や友人を忘れることができるか。……」

こうした想像を働かせる中で、この学生は、カマラの立場に思いを馳せる。家族から切り離され、過去のすべてを否定され、「より高次」の文化を習得する。それを喜ぶことができるか。「より高次」の文化とはどういうことなのか。

教育する側、そして、される側。そうした視点をいくつも重ね合わせるための土俵を、教育人間学の地平と考えたいと思っているのである。

補――ヒューマニズムと人間中心主義

日本においてこの話が良く知られるようになったのは、戦後である。カマラの話をはじめ、精力的に『野生児の記録』を紹介してこられた中野善達氏によると、カマラの話に初めて接したのは、一九五四年、『教育と医学』誌の特集号であったという。[25] その後、心理学者A・ゲゼルによる多分に脚色された感動物語『狼にそだてられた子』が訳され、[26] 戦後ヒューマニズムの思想を基盤に、教育学・心理学をはじめ、小・中・高等学校の様々な教科においても、扱われるようになってゆく。

そうした、思想的基盤としてのヒューマニズム。それは、人間への信頼と、人間の可能性への期待に満ちていた。その文脈において、このカマラの話は格好の材料だったのだろう。ヒトが人間に成る。そのための「条件」を語るのに、こうした「正常でない条件下」に育ったケースは便利だった。条件が整わないといかなる事態が生じてしまうか。にもかかわらず、人間は努力次第で、どこまで人間性を回復できるか。そうした、いわば、人間賛歌の物語。

当然、その文脈に「カマラを育てた母親狼」は出てこない。カマラの「救出」と同時に殺された狼たちの痛みが語られることはなかった。つまり、人間の、人間による、人間のための物語。

ヒューマニズムは、裏から見れば、人間中心主義である。自覚するしないにかかわらず、人間を中心に考えている。人間が地球の生態系を支配する。もしくは、地球のことは考えずに、とりあえず、人間のことを考える。

しかし、まさに今日、そうしたものの見方が問い返されている。地球における人間の位置。自然と人間の関係。エコロジカルな視野。当然、こうしたヒューマニズムの思想も、その前提が掘り返されることになる[27]。

私は、ヒューマニズムを否定しない。その価値を大切に守りたい。ただ、それが、当然自明のように切り落として来た裏面を、はっきり、確認しておきたいということである。

カマラに人間性を回復させた〈教育の営み〉を大切にするのと同じだけ、カマラと共に過ごした〈母親狼の営み〉を大切にしたい。少なくとも、その痛みを覚えておきたい。あるいは、牧師夫婦の献身的な努力を存分に評価するのと同じだけ、実はその努力が、裏から見れば、カマラから何を奪うことになったのか。カマラの大切な何を決定的に傷つけたのか。その痛みを自覚しておきたいということである。

その象徴としての「カマラを育てた母親狼[28]」。文字通り、カマラの「救出」と共に殺されてしまったこの母親狼の痛みを、シング牧師夫妻の働きを語るのと、同じだけ語らなければ、不公平ではないか。カマラと数年間ともに暮していた狼たち。その生活が破壊されてしまう痛みを、もっと語るのでなければ、あまりに一方的ではないか。人間のために、オオカミが犠牲になるのは当然。狼と生きるより、人間と生きる方がより価値がある……。おそらくは十分意識されずに当然自明とされていた、そうした前提を、一度はっきり、自覚しておきたいのである。

繰り返すが、私は、人間中心主義を拒否したいのではない。ただ、それが価値判断に基づくひとつの立場であることを、確認したいだけである。別なものの見方も成り立つ。そのことを、はっきり認識しておきたいだけである。

当然ここで批判がくる。人間の言葉は人間中心主義を越えることができない。そして私もそれに同意する。とりわけ今日、人間中心主義の立場拘束性から簡単に自由になり得るかのような言説が飛び交う時代にあって、そうした批判は重要である。私たちは、そう簡単に人間中心の発想から離れられない。あるいは、人間中心の発想から離れる試みは、同時に、日々の生活基盤から遊離する危険と抱き合わせになっている。そうした批判の重要性は、常に肝に銘じているつもりである。

にもかかわらず、時代は、私たちに、人間中心の発想からの転換を迫っている。もはや人間の身勝手な「幸せ」を母なる地球が支えきれない時代において、これまでのように人間だけを中心に考えることはできない。あるいは、「人間を守る」ことが、他の生命の犠牲に対する免罪符にはならない。人間を守るためならば他の自然の犠牲は当然という考えは、おそらくは近代という時代に特有の（少しばかり思い上がった）ものの見方に過ぎない。

もっと別の見方もある。なんら新しくはない。むしろ、古来より言い伝えられて来た、深い知恵。おそらくは、多くの先住民が共有してきた深い叡智[29]。人間は自然の一部に過ぎない。地球の〈いのち〉は深いところでつながっている。同じ〈いのち〉が木になり、鳥になり、そして人間にもなる。人間を大切にする思想は、人間だけを大切にする思想によっては支えられない。

そうした視点からカマラの物語を読み直す困惑に、もうしばらく付き合い続けようと思っているのである。

(1) 「この話」を最初に聞いたのはいつかという問いに対して、学生たちの回答は多様であった。例えば、小学校の道徳、中学校の家庭科、保健。高校になると、英語の読解文で読んだとか、生物、倫理、現代社会。場合によっては宗教の時間。資料集や、コラム、教師の雑談の中で聞くケースが多いが、中には、西洋中心主義批判・人間中心主義批判の文脈で話を聞いている学生もいる。また、漫画『ガラスの仮面』、『ブラックジャック』、あるいは『不思議な世界』の読み物、親から聞いた者もいる。もっとも、ある学生いわく「かぐや姫の話をいつ聞いたか答えられないのと同様、いつともなく知っていた」。その意味では、何がしか象徴的な意味を持った、人類史における共通体験と関係する物語なのかもしれない。

(2) オウム教団から「救出」された子どもたちについて、まとまって論じるだけの用意はない。報道は「保護」という言葉を使った。甲府の児童相談所に「保護」された「オウムの子」の言葉が、少しだけ伝わってきた。「外で遊びたくない、毒ガスでいっぱいだから」。そして、相談所に保護された後、アニメのビデオを食い入るように見たとか、ヘッドギアは机の上に無造作に置かれていたとか、相談所に着くなり、おなかすいたと言った子がいたとか、断片的な情報が流れてきた。外には「子どもを返せ」と訴える教団信者の親たちがおり、弁護団は「親権剝奪」「人身保護請求」という仕方で、「子どもの権利」を守ろうとしていた。その教団の犯罪性が暴かれ、施設内の劣悪な環境が明らかになった現在、そうした「保護」の正当性はもはや問われない。しかし、「保護された」当の子どもたちにとって、それは、どういう体験であったのか。その点が私の中でカマラ「救出」と重なる。これまでの生活から強制的に引き離される体験。それまでの「教え」を無理やり否定される体験。親に従い、同じ道を歩む仲間と共に信じて来た価値体系を、突然、頭ごなしに拒否される体験。繰り返すが、オウム教団の場合、そこからの「保護」は仕方のないことだった。結果としてよかったと思う。にもかかわらず、それが、子どもたちから何かを奪い・壊し・傷つける体験と抱き合わせであったことは、確かである。もしくは、その「保護」は、ひとつの価値的選択の上に初めて成り立った。「子どもを育てるにふさわしくない」という価値判断のもとに、親から子どもを引き離した。しかし、「ふさわしい」かどうか、誰が、判断したのか。親に任せられないと、誰が、判断する権利を持つのか。その基準は、法律なのか、常識なのか、世論なのか。「保護」という名の裏側に、これだけの問題が潜んでいることを確認した上で、それでもやはり、「保護」する。それによって、何かを奪い、傷つける。それを承知しながら、でも、保護しないより保護した方が、現地点で「より良い」と価値判断を下す。「正しさ」の裏側に、これだけの大きな危険と犠牲があることを知りつつ、にもかかわらず、選択する。そうした手続きを踏まえた上で初めて、この「保護」を、私は納得する。

(3) 例えば、『講座 現代の心理学・学習と環境』小学館、一九八三年、「第一章 人間と学習」九頁。『異常心理学講座3 人間の生涯と心理』みすず書房、一九八七年、「幼児期」四六頁。
(4) 近藤貞次『社会心理学概論』朝倉書店、一九六八年、「第二章 人格の社会的形成」三五頁。
(5) 例えば、『学研・教育学講座2』学研、一九七九年、「第一章/第一節 人間形成の意味」五頁。『岩波講座 子どもの発達と教育 三』一九七九年「第一章 人間が発達するとはどういうことか」一二頁。
(6) 堀尾輝久他編『現代教育の基礎知識』有斐閣、一九七六年。その問題番号28、「野生児(動物に育てられた子ども)の事例は、〈人間の発達にとっての文化と教育の意味〉を考えさせる。具体的事例に即してその意味を述べよ」。
(7) J・A・L・シング『狼に育てられた子——カマラとアマラの養育日記』(中野善達・清水知子訳)、福村出版、一九七七年。今回の考察はこの『養育日記』に依拠して進められる。しかし、第三節で見るように、『日記』それ自体の客観性については、多くの疑問が残される。とはいえ、その『日記』が、A・ゲゼルの『狼にそだてられた子』(生月雅子訳、家政教育社、一九六七年、原著は、一九四一年刊行)とは、まるで性質を異にする点は確認しておいた方が良い。ゲゼルは話を脚色し、良く言えばイメージ豊かに読みやすく、悪く言えば事実と想像との境をぼかして、感動物語に仕立ててしまう。例えば、カマラが狼と暮らす場面と、シング牧師の日記の記述とを、同じレベルで取り扱う。それと比べたら、シング牧師の日記は、よほど冷静な観察記録である。

(8)「愛情豊かな狼たちと暮らすのと、ヒステリックな母親と暮らすのとどちらが幸せか」という問いにつながってゆく。

(9) 小原秀雄は、大田堯との討論のなかで、「オオカミの乳ではヒトの子は育ちません」と断言する(『現代農業』一九九一年四月臨時増刊、二五五頁)。また、小原秀雄『人間の動物学』季節社、一九七四年も参照。それに対して、人間の子どもが狼の元で育つことは不可能という見解への反論は、たとえば、ジェラール・メナトリー『オオカミ・神話から現実へ』東宣出版、一九九八年。

(10) 近年の狼研究は、実に豊かである。日本の第一人者・平岩米吉の名著『狼——その生態と歴史(新装版)』築地書館、一九九二年をはじめ、E・ツィーメン『オオカミ——その行動・生態・神話』(今泉みね子訳)、白水社、一九九三年、D・ベルナール『狼と人間——ヨーロッパ文化の深層』(高橋正男訳)、平凡社、一九九一年、B・H・ロペス『オオカミと人間』(中村妙子・岩原明子訳)、草思社、一九八四年など、翻訳されたものに限っても、多様である。また、狼に魅せられたピアニスト、エレーヌ・グリモーの活動など、「オオカミ保護」への関心も広がりをみせている。

(11) 前掲、ロペス『オオカミと人間』第一章など参照。

(12) W・フロイント『オオカミと生きる』(今泉みね子訳)、白水社、一九九一年。狼の群れの中で共に生活した記録で、例えば、狼と共に生肉を喰う写真などきわめて新鮮である。「人間が狼と共に生活することはあり得ない」という常識は、完全に否定されてしまう。なお、著者フロイントは、オオカミほどの高等動物の場合、相手と気持ちを一つにする(Einfühlung)姿勢がなければ理解できないと言う。実験によって高等動物を理解することは不可能であるという点において、動物行動学のコンラート・ローレンツ博士と意気投合したという(訳者あとがきに依る)。

(13) 日本国内には、北海道標津町虹別で、狼と共に生活しながら「ネイチャースクール」を開いておられる桑原康生・八重子夫婦がいる。二〇〇三年夏、私は桑原夫婦を訪ね、話を聞かせていただいた。狼がいかに繊細な生き物であるか、その生態には目を見張るものがあった。なお桑原氏は、自然の生態系（食物連鎖）の頂点に立つ狼の不在が、生態系のバランスを崩す原因である点を強調し、最終的には、人びとの理解のもとに、日本の自然に狼を戻すことを望んでおられる。

(14) この地方では、とりわけ「女の子」が遺棄されたという。前掲、J・シング『狼に育てられた子――カマラとアマラの養育日記』四頁。その「原住民（サンタル族・コーラ族など）」についての人類学的調査については、さしあたり同書一七頁参照。

(15) 土地の開発、すなわち、人類による自然の侵略拡大を考えると、もはや、こうした「発見」は生じ得ないのではないか。人類の圧倒的「優位・猛威・脅威」のもとに、動物と人間が入り乱れて暮らす環境がなくなってしまったからである。逆に、ある時期以前は、そうした「動物と共に暮らした人間」がいても、「発見」されず、情報として記録されなかった。そうであれば、こうした「野生児」の事例は、自然と人間の関係史における、ある限られた一時期においてのみ成り立つことであったように思われる。こうした歴史的検討については、上田信「トラの眼から見た地域開発史――中国黄山における生態システムの変容」（『岩波講座　開発と文化5　地球の環境と開発』、岩波書店、一九九八年）が、興味深い。

(16) もしカマラたちが、「発見」されず、「救出」もされなかったら、どうなっていたか。私たちは、決して、その存在を知ることがなかった。カマラという名もなく、歴史に何の記録も残さぬまま、狼と共に生き死んでゆく。その流れるように消えてゆく「存在」に思いを馳せることがなければ、カマラの体験の意味は見えてこないように思われる。

(17) C・マクリーン『ウルフ・チャイルド――カマラとアマラの物語』（中野善達編訳）、福村出版、一九八四年。

(18) そのいくつかは『野生児の記録4　遺伝と環境』（中野善達編訳、福村出版、一九七七年）に収録されている。

(19) B・ベッテルハイム他著『野生児と自閉症児』（中野善達編訳）、福村出版、一九七八年、第一章。

(20) 前掲書、C・マクリーン『ウルフ・チャイルド』。この労作は、カマラ問題に関するもっとも重要な基本文献である。

(21) 「子どものために」という発想それ自体に含まれる深い問題性。子どものためにと思う、その思いこそが、実は子どもを最も苦しめる。あらゆる援助は、なにがしか子どもの自主性を押しつぶす、にもかかわらず、何らかの援助なしには子どもの自主性は育たない。そうしたパラドクシカルな問題性は、「子どもの自主性」という理念そのものの問い直しと共に、かなり射程の長い考察を必要とするように思われる。この点に関して、「反教育学 Antipädagogik」をめぐる議論から、いかなる「教訓」を学びうるのか。さしあたり、吉沢昇「反教育学の〈おしえ〉」(『研究室紀要・第一六号』東京大学教育学部 教育哲学教育史研究室、一九九〇年)などを念頭に、今後の課題としたい。

(22) フランソワ・トリュフォーによる映画『野生の少年』は、アヴェロンの野生児を題材にした、野生児を文明にみちびく希望の作品とされる。ところが、自ら映画の中で「イタール博士」を演じたトリュフォーは、実は、野生児「ヴィクトール」に自らを投影していたのではないかという指摘がある。「なぜ少年を自然の中に放っておかなかったのか」という質問に、トリュフォーがショックのあまり泣き出したというエピソードなど、実に興味深い。久保田健一郎「教育学の新たなる地平――ポストコロニアリズムと教育学の交差」(『近代教育フォーラム』一一、二〇〇二年)。

(23) 純粋な「子どもらしさ」など、子ども自身は体験していない。それは大人の願望に過ぎない。あるいは、「子どもらしさ」と「大人らしさ」を区別することそれ自身が、最大の落とし穴である。そうした「子どもらしさ」の「事後性」に関する問題も、今後の課題とする。

(24) オオカミとして生きるのと、人間として生きるのと、どちらが幸せか。それを誰が判定するのか。本人の気持ちがすべてなのか。仮にそうであるとして、その気持ちを、誰かが代弁することは可能なのか。こうした問いは、「サバルタン」問題へとつながってゆく。抑圧された側の生きた思いは届かない。抑圧構造を外部から告発することはできない。カマラの思いを代弁したように見えても、実はそれは、語りの関係にひそむコロニアリズムによって変質してしまう。カマラに寄り添う試みは、そうした批判を引き受けることになる。

(25)『教育と医学』一九五四年、八月号「特集・狼に育てられた子供」。心理学・教育学・医学など、研究者八名の論稿が収録されている。例えば、平塚益徳は「大切なことは彼女が人間性を漸次回復していったことにある」というゲゼルの文章を引用して「カマラ物語の意味するもの」を論じ、正木正はアマラの死に際してカマラが初めて涙を浮かべて悲しんだという記事に、「ここに人間性誕生の曙光を見る」と書く。基本的には、ゲゼルの著作に依拠した紹介・感想・コメントであって、人間賛歌に終始したものである。この時代に、人間中心主義への批判の視点からこの事例を扱った論稿に、私はまだお目にかかっていない。

(26) 前掲、A・ゲゼル『狼にそだてられた子』。なお、教育・心理関係で、この話に、最も早く言及したのは、おそらく、木田文夫「野獣に育てられた人間小児——最悪の環境による知能の発達の限度」(『児童心理』三—九、一九四九年)であると思われる。むろん、その内容は、このタイトルが語るとおり。「人間文化の何千年の伝統も、狼窟に十年そだつことによって、跡かたもなく消えるという事実は、われわれに反省させるところが多い」と言う。

(27) 人間中心主義をめぐる今日的な問題状況については、さまざまな議論があるが、さしあたり、拙稿「いのちを喰う——トランスパーソナルの地平から」(竹田純郎他編『生命論への視座』大明堂、一九九八年)など参照。

(28) ごく私的な覚え書き。「カマラを育てた母親狼」のイメージは、例えばユング心理学で言えば、いかなる意味なのか。「限りない愛情」と「野獣性」とを併せ持つ存在。いずれにせよ、カマラの「救出」と同時に殺されてしまったその母親狼のことが、気になって仕方がなかったことを、自らの立脚点をはっきりさせるためにも、一言、書き残しておく。

(29) 映画『もののけ姫』を、これだけ広範に受け入れる精神風土の今日、こうしたものの見方は、むしろ、当然過ぎることなのかもしれない。

2 階段のぼりと学歴社会――受験・競争・アイデンティティ

1 メタファーとしての階段のぼり

これは、ある友人の童話作家から聞いた話のプロットです、ごく短い話ですから、何でもいいから感じたことを書いて下さい……。とか何とか、煙にまいて、「学歴社会論」と銘打った「教育学概説」のひとコマ、こんな話をする。

……南の海の真ん中に、トロンペライという小さな島がありました。

島の人たちは、みんな明るい笑顔で旅人を迎えてくれましたが、どこかせわしそうに、小股内股、下を見ながらチョコチョコ歩きます。しかも、お役人やら先生やら、偉そうな人ほど、せわしないのです。

夕暮れになると、島の真ん中にある山の階段に子どもたちが集まってきて、一生懸命、階段のぼりの練習を始めます。子どもたちは、必ず一段ずつしかのぼらない。決して、大股に駆け上ったりせずに、一段ずつ踏みはずさぬよう、下を見ながら、せわしなく駆け上る。そんな練習を、それこそ涙ぐましく続けているのです。そして、その下ではお母さんたちが、わが子の特訓風景を、心配げに、でもどこか誇らしげに見ているのです。

これはどうしたことか。実は、この島では一七歳になると、階段のぼりの測定検査をする。一段ずつ踏みはずさずに、速く正しく山の上まで駆け上る競争。そして、その出来具合が、将来を決めることになる。階段のぼりの優秀な者はこの島で有利な地位につき、それが苦手な者は、なかなか認められることがない。この島で出世できるかどうかは、この階段のぼりの出来次第というのです。

どうしてそんなことになったのか。島の長老によれば、昔々、王様は山の頂上に住んでいた。海岸から早く伝令を伝える必要がある。しかも、姿勢正しく。でも、今は何の意味もない。象徴的な意味だけ残っているというのです。

そして、誰もが、これは変だと思っている。しかし、有能な子どもを見つけ出し、努力する子としない子の見分けをつけるには、他にどんな方法があるのか。誰もわからず困っているというのです。

こうして、この島では、子どものころから階段のぼりに励みます。少しでも速く駆け上れるようになると、お母さんは喜びますし、周りのみんなも褒めてくれます。その子も得意になりますし、自信を持ち、誇りを感じます。逆に、階段のぼりの苦手な子は、褒めてもらえない。自分はダメな人間なんだと思いこむ。そして、好きでもない階段に向かって行くか、全くしょげてしまって、何もかもイヤになってしまうか、どちらかでした。

練習し過ぎて、足はボロボロ。小股で下をむいて、体も心も縮こまって見えました。でも、島の長老たちは言いました。若い頃の苦労はいいことだ。しかも、努力した分だけむくわれる。何とも公平なことではないか。……こうして、この島の子どもたちは、遊ぶ時間もなく、階段のぼりに励んでおりました。

さて、学生たちは、こんな話に、あっけにとられながら、それでもおもむろに書き始める。思いつくまま、勝手気ままに書くのである。

私たちの受験勉強も階段のぼりと違わない。結局、無意味な努力だったのかと思うとむなしくなる、と書く学生。

そんなことはない。私たちの勉強は、いくらなんでも階段のぼりほど無意味ではない。やはり英語の知識は役立つし、文章を読んだり書いたりする力も勉強したからこそ身についたのではないか、という学生。

やはり、どちらも無意味。でも、自分たちのやって来たことも、こんなに無意味なのだとはっきりして、むしろスカッとする。そんな、やけっぱちの感想を書く者もいる。

逆に、階段のぼりを無意味と言ってよいのだろうか。その島の子どもにとっては、やはりそれなりの意味がある。その社会で生きてゆくための切実な努力に対して、通りすがりのよそ者が無意味と言うのはよくない。そうした、異文化理解の大問題につないで考える者もいる。

ここで、階段のぼりと受験競争の共通点をめぐっても、その着眼点はそれこそさまざまである。

たとえば、どちらも実用性がなくその内容が無意味である、から始まって、どちらも、些細な能力で人を測り、選別する。しかも、どちらも、速いことがいいこと、スピードを求める競争である。どちらも、若い頃に苦労しておけば、将来安定した地位につき、ラクになる。どちらの社会も、みんながやっていること。親の期待もあるから、子どもは努力せざるを得ない。そして、みんな何か変だと思いながら、どうにも変えられない……。

こうした異なる共通性に注目しながら、やはり、日本の学歴社会も階段のぼりと違わないと言ってみたり、いや、いくらなんでも、そこまでひどくはないだろうと抵抗してみたり。それこそ、こんな話につき合わされた学生たちは、混乱しながらあれこれ書いてくる。

何を書いてもよいとの言葉を真に受けた学生たちの感想は、実はもっと多様で痛烈である。

何年か分を取り出すと、たとえば、「いかにも教材的な話でおもしろくない。」「これではメタファーになってない。象徴性も何もなく、学歴社会そのもののヘタな風刺に過ぎない。」「南の島という偏見が気にいらない。南の島＝未開＝奇習。まさにオリエンタリズムそのものである」……。

どれも、痛いところを、鋭く突いている。

「人は誰でも他人と争ってみたいと思うのではないか。他人より優れていると思える機会が必要なのではないか。」

「出世するとか、エラクなるとはどういうことなのかわからなくなる。他人と比べるからいけないのか。己の分を知り、身の程を知る方が幸せなのか。」

「私の弟は、勉強はダメだけど素直ないい子です。彼をもっと認めてあげようと思うのだけど、どこかで、勉強できないとこの社会では通用しないよと思ってしまう自分がいてイヤになる。」

そんな言葉を並べてゆけば、貴重な証言集ができてしまうほど、学生たちの心のしこりは複雑である。学生たちは、間違いなく、この学歴社会に巻き込まれている。まともに抵抗したらつぶされる。考えたってしかたない。よけいなことは考えない方がいい。そうした寝ている子どもを揺り起こし、答えのでない問いを突きつける。ある学生も書いていた。何と「ケッタイな」授業であることか。

しかし、私は毎年学生をこの問いの前に連れ出す。

それは、単純なモデルから、問題の全体像を自分なりにつかみ取るため。社会科学の専門分化した理論になる前の、生活実感を伴った、人間の心理的な真実に気づくため。自分なりに納得のゆくストーリーを展開させる思考実験。そこから立ち返る仕方での、複雑で多層的な現実の認識。

つまりは、自らがすでにその中に巻き込まれている複雑な現実を、一旦突き放し対自化する目を「外側」に仮構する作業であり、その仮構したモデルを組み直すことによって、工夫次第で変革可能なアクチュアルな現実の世界を、参与的に観察する作業なのである。

2　階段のぼりとペーパーテスト――ペーパーテストの「正統性」

この話では、なぜこの島で階段のぼりによって将来を決めるようになったのか、その理由が良くわからない。そんなことを書く学生もいる。

そこまでは話の用意がありませんと、謝るしかないのだが、しかし返す刀で、では一体なぜ日本では、ペーパーテストで人を測定するようになったのか。人びとはなぜそれが「正統」であると思いこむようになったのか。

現代日本の社会は、いってみれば、ペーパーテストで若者を選別する。その出来具合で、「使えるコマ」と「使えないコマ」とに選別している。

では、歴史的に、いつごろから、どのようにして、ペーパーテストで人を選別するようになったのか。ごく大雑把に江戸期までは、ペーパーテストで人間を測るという思想は、少なくとも庶民の間では、一般的ではなかったようである。ペーパーテストの出来具合で、これほど多くの若者が人生を決められてしまうとは、その頃の人びとには理解しがたいことであったに違いない。(1)

むろん、身分がはっきりしていた。階層間の流動が少なかったのだから、決められた枠から出られないという意味で、選別もなく、競争もない。社会的・身分的なアイデンティティは、良し悪しは別にして、今よりよほど明確であったことになる。

ところが、一九世紀も後半、新たに始まった小学校には「試業」という名の試験があったという。維新から明治一〇年代、小学校にはまだ「学年制」がなく、半期ごとの「小試験」「大試験」によって昇級を決めていた。当然、進みの早い子も、なかなか先に進まぬ子どもも混在していたことになる。

しかも、この進級試験に際しては、親はもちろん、親戚やら、近所のおじさん・おばさん、村長やら県の役人まで見学に来ていたというから、たまったものではない。ペーパーテストの出来具合は、村全体に知れ渡り、〈できる子〉と〈できない子〉との違いが、はっきり知れ渡っていたわけである。

こうした試験制度の影響は大きかった。教育史家・寺﨑昌男によれば、この試験によって、明治初頭の人びとは、いくつかの「新事実」を体験したという。[2] まず、学校で身につける「学力」は試験によってすぐわかる。その学力は、問いに対する解答としてペーパーテストによって測られる。その結果が進級を左右し、ゆくゆく子どもの進路を決定することになる。

つまり、勉強には試験がつきまとい、試験は客観的で、学力は点数化でき、その結果が外部に発表されて「一般的能力」として利用され、子どもの進路を決めてゆく。そうしたペーパーテスト信仰が、瞬く間に浸透していったというのである。

しかも、この試験が、こともあろうに小学校から始まった。志の高い者だけが体験したのではない。ごく普通の一般庶民が、新政府の就学奨励のもと、こぞって小学校にわが子を送るや、そのまま試験の制度に組み入れられていったのである。

むろん、それがそのまま現代の受験地獄の、直接の原因ではないだろう。教育史的には、随分さまざまな紆余曲折があるに違いない。しかし、明治初めのこの出来事が、「ペーパーテストによって人を測る」ことを当たり前と思っていなかった人びとの中に、突然ペーパーテストが、社会的な「正統性」を持った制度として、おそらく新政府のお役人と共に、立ち現れた初場面であったことは、確かのようである。

その時、人びとはどう思ったか。これで少しは楽になると思ったか。大変なことになったと途方に暮れたか。万事に渡る御一新の興奮の中、ペーパーテストなどには構っていられなかったのか。いずれにせよ、日本の国の人びとは、階段のぼりではなく、米俵担ぎでもなく、ペーパーテストで子どもたちを測ることを「正統」とするシステムを受け入れることになったのである。[3]

ところで、そうした信仰が固く社会全体にはびこった今日、ペーパーテストの出来具合は、「イイ成績を取らないとイイ大学に行けないし、イイ大学に行かないとイイ就職ができない」という公式に従って、最終的には、就職に際して利用される学歴問題に至りつく。近年、多少の変化は見られるものの、基本的に企業は、社員の採用基準に学歴を利用する。もしくは、初めから採用募集を、限られた大学にしか送らない。

では一体、なぜ企業は学歴によって、優秀な人材を獲得できると考えるのか。高い偏差値の大学を卒業した者は、いかなる意味において有能であると判断されるのか。

よもや、高い偏差値の大学ほどすばらしい教育をするなどとは考えまい。「イイ」大学の出であることと大学時代に優れた教育を受けている事とは無関係。不思議なことに、それは世間の常識となっている。

では、何なのか。偏差値の高い大学に「合格した」という過去の事実が大切なのか。一連のペーパーテストに対応してきた知力。重くのしかかるプレッシャーにつぶされない根性。現実への即戦的な適応力。そうした総合的な「能力」。

というより、むしろ、能力があるから試験に勝ち残ったわけではなく、逆に、試験に勝ち残り、選別システムの中で選ばれた者を「能力ある」とみなしているだけのことなのか。

良く知られているように、この「能力」という同じ言葉について、日本と米国とでは、そのイメージがまるで違っている。(4)

米国で能力があるという場合、「訓練と経験によって実際に行うことができる実力」。企業が必要とするのは、「空いたポストを埋めるにふさわしい職務能力を持ち、即戦的な技術」を持つ人材である。それに対して、日本で有能な人材という場合、それは、「潜在的可能性」としての全般的な能力を意味する。特定の技能において優れている者ではなく、将来大きく成長する可能性を持った「できる奴」。従って日本では、能力評価が一元化する。異なる多様な技能における個々の能力ではなくて、全般的な能力一般という、将来的な可能性の評価。その一元的な能力評価の基準が、偏差値という客観性の錦の御旗に吸いとられながら、おのれの公平性を主張する。こうしてペーパーテストの結果が偏差値となり、学歴となり、有能無能の基準になり、つまるところ、人物評価につながってゆく。ペーパーテストの出来具合で、その人物が丸ごと評価されてしまうのである。

かのドーアは、近代日本では「学校制度がひとつの一般的知能テスト機関として働いた」と言っていた[5]。その「知能テスト」が、学歴社会の文脈の中で、若者の選別基準となる。そして、若者のアイデンティティを固定する。どの学校に在籍したかという名前だけが、その若者の「格」を決めてゆく。風格・人格・適格・規格。

本来、努力や才能によって獲得された業績（achievement）であったはずの学歴が、あたかも、人種・家柄・性などと同列の、生まれ持った属性（ascription）に近い意味を持ち、生涯その身について離れない身分となって、若者のアイデンティティを規定する[6]。ある場合はステイタス・シンボルとして、ある場合はレッテルとして、さらにある場合はスティグマとして。

こうして、日本の子どもたちはペーパーテストでいい成績を取るために、必死に勉強する。あらかじめ決められたひとつの「正解」を目指して、ひたすら駆け抜ける。今苦労しておけば、将来ラクだから。(7)そう言いながら試験準備はますます低年齢化する。そして、同じく例の島の子どもたちは、階段のぼりを繰り返す。少しでも速く正しく、ひたすら駆け上る練習をする。

では一体、ペーパーテストの正解にすばやく辿り着く訓練は、階段のぼりより意味があるのか。「まだまし」なのか。

たとえばある学生は、高校の時、大学で考古学を勉強したいと決心した時、受験勉強の味気なさに、まったく悔しくなったという。しかし、自分のしたい勉強をするためには仕方ない。勉強の中身は何でもいいから、支払わねばならない代価として、務めを果たす。そう考えてやっと諦めがついたという。(8)

なるほど、反論は成り立つ。将来専門的な研究を深めるためにも、広い教養が必要である。しかし、受験勉強の中身は「教養」に役立つか。仮に、何らか役立つとしても、そのために支払われる代価は、余りに大き過ぎないか。

これは、「入試問題を作る側」に回った私自身が、仕事をしながら感じたことでもある。そうした問題作成会議の席上、この問題が若い受験生の教養を育てるかは問われない。それは場違い。今更そんなことを気にしたところで仕方がない。むしろ、期日までにしっかり完成させること。不公平が生じないこと。常識の枠をはみ出ないこと。難問・奇問と言われないこと。何より、答えがひとつであること。答えに揺れがないこと。悲しいかな、それが現実。その入試問題を目指して、若者たちはひたすら努力を続けざるを得ないのである。

そう考えると絶望的。もし、階段のぼりを無意味と言うなら、同じくペーパーテストも無意味。逆に、このペーパーテストに意味があると言うなら、同じだけ、階段のぼりもその島の中では意味を持つということになる。

つまり、相対主義。あの島で、階段のぼりの苦手な子はわが身の不幸を嘆くしかなく、現代日本でペーパーテストの苦手な子は、生まれ出てきた時代の不幸を諦めるしかない。どちらの方が優れているという議論は、余り意味がないことになる。

しかし、だからといって、ペーパーテストならなんでも同じかといえば、そんなことはない。やはり、ペーパーテストの学歴社会ではあっても、少しでも、若者の人生選択を豊かにするべく工夫を続けたい。しかし同時に、どこかで笑ってしまいたい。「外」から見たら、まるで階段のぼりと同じこと。階段を一段ぬかしてのぼってよいか、その方が若者のためになるか。やはり混乱は避けた方が良いか。そんな、しかめ面した大人の議論のコッケイさを笑ってしまうと共に、でもどこかで、そのまじめな議論に敬意を表したいとも思うのである。

3　競争としての入試——競争・努力・不公平

さて、階段のぼりも受験競争も、将来をかけた、若い人たちの競争である。

周知の通り、今日の日本の受験競争は、一部エリートたちのものではない。大多数の若者が参加する。というより、その競争に参加しないと、この社会では決定的に「不利」である。学歴・進学・受験競争で、どれだけの成果を収めるか。それが、この社会ではなにより確かな身元保証・人物証明・存在証明になる。逆に、この競争に参加しないということは、そうした確かな保証を放棄して、腕一本・体ひとつの実力勝負で生きることになる。そして、学歴の肩書きを持たずに、自分の才能だけを頼りに生きて行く者に、この社会は随分厳しい。

ということは、若者たちに「競争しない自由」はない。競争しないなら、勝手にしろ。競争の中で「能力」を証明された者だけが、学歴という保証を与えられ、社会に受け容れられてゆく。

そして当然、親の世代は、身をもってそれを知っている。だから、わが子が試験の階段を踏みはずしてしまうことを、おそらく必要以上に恐れる。そして、わが子のためを思えばこそ、試験の競争に駆り立てざるを得なくなる。それは、あの島の親たちが、わが子のためを思えばこそ、階段のぼりの練習にわが子を駆り立ててゆくのと同じである。

では、駆り立てられる当の若者たちは、それをどう感じているのか。

受験を終えたばかりの大学生たちは、その体験をさまざまにふりかえる。

たとえば、ある学生はいう。自分の体験から見るかぎり、まじめにコツコツ積み重ねた者が合格する。あれだけのプレッシャーのなかで努力を続けたことは、大きな自信になる。努力が正当に評価されるシステムであって、今の受験体制は公平である。

またある学生は、入試を「一発逆転が可能な時」とふりかえる。高校までの成績は、すべてチャラ。入試さえ首尾よくゆけば一発大逆転。本番に弱いガリ勉連中ザマアミロ、という。

そうして見れば、なるほど受験の時は、高揚している。周囲の期待を一手に集め、目に見える形で評価が出る。やればできるといった充実感、達成感。自信も、誇りも、存在証明も、これほど手ごたえを感じる機会は他にない。

受験生たちは、就職や出世を考えてというより、自分の能力を世間に対し自分に対し、証明しようとあがいている。それこそ存在証明のための競争。アイデンティティのための努力。

その意味では、入試という制度は、一種の「通過儀礼」なのだろう(9)。現代社会ではほとんど姿を消してしまった、人生舞台の移行の儀礼。社会全体がそれを保証し、一種の特別な興奮状態を作り上げ、それを通過したという事実が、心理的にも、社会的にも決定的な転換の意味を持つ、そうした出来事・体験。

それを裏づけるように、入試の競争を体験せずに、推薦入学で入ってきた学生たちがこんなことを言う。「入試の時も推薦で入ってきてしまったから、本当の意味で苦労したことがなくて……。一度瀬戸際まで追いつめられた経験がある人と比べて、弱いような気がする。」

では、入試を体験した学生の方が本当に強いのかどうか、それは問題ではない。そうではなくて、それを通過していない者に、そうした思いを抱かせてしまうような意味合いを、入試という出来事は持っているということなのである。

ところで、そもそも「競争」とは何なのか。教育という営みにとってどういう意味を持つのか。むろん、教育をどう定義するかによっても違うのだろうが、ごく一般的に、競争は教育の効果を高めるものなのか。仮に効果があるとしたら、それは全員に当てはまることなのか(10)。

たとえば、成績順を壁に張り出すという仕方の競争の刺激は、学習意欲を駆り立てるか。上位何パーセントまではそれによって意欲を駆り立てられ、逆に何パーセントはそうした競争によって意気消沈してしまうのか。

この問いに対する学生たちの反応もさまざまである。

自分の経験からして、もし競争がなかったら、あそこまで危機感を持ってやる気にならなかったとか、元来人間はなまけ者だから、ほうびがなかったらやる気にならない、ほうびに釣られて実力以上の力を発揮することにもなる、という者。

逆に、絶対イヤだという学生もいて、それは、自分の名前が張り出された時もイヤだったし、なかった時もイヤだった。人の心の醜い部分を、わざわざ張り出しているような気がしたともいう。

つまり、感じ方はさまざまなのだが、しかしどちらにしても、競争のプレッシャーはかなり強い。その負担は、おそらく無意識のレベルにおいては、かなりのストレスになっているに違いない(11)。

競争がいやなのではない。いつもいつも競争せざるをえないのがイヤなのである。

競争しない自由がまずあって、その上でルールを作って時に競争するなら、それは楽しい。やる気にもなるし、力を発揮する機会になる。しかし、いつも競争を強いられ、そこから降りたが最後、自分の能力を発揮する機会もなく、敗者復活戦もないような競争に駆り立てられる。その「競争しない自由」のなさが苦しいのである。

しかし、現在の受験競争の中で「競争しない自由」を初めから求めても、それは難しい。むしろ、競争は避けられないとした上で、せめてどんな工夫ができるか。階段のぼりの話と重ね合わせながら、学生たちとひねりだしたアイデアはこうしたものである。

まずひとつは、受験競争における「ドーピング検査」。

スポーツにおけるドーピングの発想は、勝つためには手段を選ばずという発想の禁止である。自分の体を回復できないほど痛めつけたり、薬物によって力を得て試合に勝つという発想を禁止して、ある一線以上、体を酷使してはならないという歯止めを、あらかじめ取り決めているということである。同様に、受験競争においても、将来体に異状をきたす恐れのある最低ラインを取り決めることはできないか。階段のぼりの練習し過ぎは、体に悪い。それを言わないということは、薬物を使おうが、将来体を壊そうが、受験の競争ではただ勝ちさえすればいいと認めることにならないか。

もうひとつは、勝負の差と報酬の差とのバランス是正。

競争があるかぎり勝敗はある。それ自体なんら不公平ではないのだが、しかし、その勝負を分けた差と、それによって将来的に獲得される報酬の差とが違い過ぎたら、それは不公平である。仮に、偏差値一点の違いで異なる大学に進み、その大学の違いで人物評価が大きく異なり、将来の人生コースがまるで違ってしまうなら、それは不公平である。そのバランスを社会全体で工夫してゆかれないか。

そしてそこから三つ目に、敗者復活戦。何度も何度も、緩やかに、やる気のある者に機会を残し、序列を入れ替え、流動化してゆくこと。そしてその後、「敗者」復活という言葉自体が無意味になるほど、勝負の評価基準そのものを多様にしてしまうこと。

ペーパーテストだけでなく、階段のぼりだけでもなく、もっともっと多様な競争を作ること。場合によっては、階段のぼりの苦手な子どもが得するような競争を作ってしまうこと。そんなことはできないだろうか。

ところで、ある学生は受験勉強をしている頃、彼女の叔母からこんなことを言われたという。入試は、実力が公平に評価される最後のチャンス。社会に出たら理不尽なことがまかり通り、とりわけ女性は実力通りに評価してもらえない。受験勉強は、努力すればしただけ評価してもらえるから、大切にしなさい。

なるほどそういうものかと、納得したというのだが、実際この受験のシステムを、公平に人を評価するシステムと感じている学生は、随分多かった。

努力した分だけ評価される。どんなに家柄が悪くても、どんなに器量が悪くても、もしくは体が不自由であっても、そうしたことは一切不問。ただ努力して勉強すれば、それだけを正当に評価してもらえる。だから、これは公平なシステムだというのである。

おそらく「理念としてのメリトクラシー（能力主義）」なのだろう。理念として見る限り、能力主義は、身分や家柄にこだわらない実力本意。能力ある優秀な若者を評価、採用し、その結果、実力次第で社会的な階層移動を作り出すシステムであった。

ところが、現在の受験システムは、そのようには機能していない。実力次第であるかに見えるのは、たかだかトップクラスの成績順位が入れ替わるといった程度の、ごく内輪の話で、社会全体を広く見渡すと、むしろこのシステムは階層の固定化をますます強めている。

そうした話に呼応して、ある学生は円環する図を描いてきた。

一流大学を出ると、有名企業に入り、高収入を得る。経済的なゆとりが出てくるから、それを子どもに回し、早くから受験準備ができる。その結果、その子どももまた一流大学、有名企業、高収入となる。こうしてこの円環は閉じてゆき、ひとつの階層を固定する。

つまり、受験競争は公平なスタートラインから始まらない。実は、親の経済力やら、文化的環境やら、「文化資本」と名のつけられたひとつの総体的な「資本力」の違いによって、スタートからして違っている。初めから格差がついている。そして、その格差は、世代が進むほど広がってゆく。不平等を拡大再生産してゆくことになる。

こうした教育の「再生産」をめぐる理論の一端を学生たちに伝えはする。しかし、首都圏近郊の「中の上」階層出身で七割近くを占める学生たちが、どこまで、生活実感を伴ってそれを納得するか。ひとつの「知識」として片づけるのか、不平等は悪いといったレベルの正義感を燃やして終わるのか[12]。

それに比べれば、ある学生が書いてきた、階段のぼりの続きの話から始める方が実感がこもっている。例の島では、階段のぼりが過熱し、金に余力のある親たちは階段のぼりの塾を作り出す。そして、しだいに階段を買い占めてゆき、金持ちでないと階段のぼりの練習すらできなくなる。こうして、階段のぼりのできる階層と、できない階層とに分れてゆき、島の人びとは二つの身分に分れてゆく。

この単純で露骨な「階層格差」が、現実には決して現れない。支配階層は、それを巧みに隠蔽する。試験のシステムを客観的かつ公平に作っておいて、しかし「正統とされる」「支配階級のハビトゥス」を所有していないと良い評価が出ないようにする。その結果、非特権階級の側は、その正統とされる文化に敬意を払い、ますます「正統文化」の威信は高まってゆく。しかも、非特権階級の子どもたちは、選別システムの中で、「自発的」に、上昇移動から退却し始め、さらには、競争からの離脱を賞賛する「冷却文化」がその後押しをする。つまり、社会は競争をあおりながら、他方で、その野心をおだやかに諦めさせ、自分が置かれている状態で満足するようにしむけてゆく。

そうした、選別・競争・アイデンティティの、手のこんだ、実に巧みなからくり。単純なモデルからたどり直してみる時、その複雑なからくりの巧妙さが浮き彫りになってくる。(13)

4　内なる学歴意識――競争意識を洒落のめせるか

ある学生は、ガクレキ・ガクレキと繰り返した私に反発したのか、こんなことを書いてきた。「今の日本では、学歴がそれほど通用しなくなっている。一流大学を出たからといって将来が保証されているわけではないし、就職してからも試験があり、競争が激しくなっている。」

この社会は、もはや学歴社会とはいえないのではないか、というのである。

日本の社会のシステムが学歴主義であるのかどうか。学歴の社会経済的有効性は、強まっているのか、弱まっているのか。そうした、社会科学的な角度からの分析については、「学歴主義」という言葉の定義の吟味と合わせて、すでに多くの議論がある。(14)

しかし、ここで問題にしたいのは、就職や収入における実利的な有利・不利ではなくて、むしろ、生活実感のレベルにおける、心理的な真実とでもいうべき、内なる学歴意識である。

学生たちの報告を見ていると、内なる学歴信仰はいたる所で生き続け、それこそ異国の人が聞いたらさぞや理解に苦しむ出来事が、いくつも生じている。

たとえば、バイトで塾の講師をしている学生の報告。

ある中学生はバイオテクノロジーに興味を持ち、農業高校に行きたいと言い出した。ところが、この子は農業高校に行くには、成績が「良すぎて」しまった。普通高校に進んで大学に行かないと「もったいないよ」。そう説得している自分を見て、不思議だったという。

もうひとつ。これは、本人の話。この学生は、本当はファッション関係の仕事をしてみたい。高校三年の時にそう決めた。だから、大学に来ても仕方がない。それはわかっていたのだが、親はどうしても大学は出ておけという。たとえ、ファッションの勉強はできなくても、大学を出ておいた方が仕事につけてから有利。大人たちのそうした言葉に反対できなかった。「大学卒の肩書きを持たずに自分の才能だけを信じてファッションの道に進む自信」はなかったというのである。

こういう仕方で、「とりあえず」大学に来ている学生の数は、これまた私たちの予想をはるかに上回るに違いない。

ところで、こうした話の関連で、「履歴書」のことが話題になった。

「いつだったか履歴書の学歴欄に予備校を書いた学生がいてね」と、笑い話のつもりでしゃべった言葉に、学生たちは新鮮に驚いた。予備校は学歴にならないのか。一番勉強した時期が学歴にならないとしたら、学歴って何なのか。学歴がどれほど勉強したかを表す指標ですらないとしたら、一体、その中身は何なのか。

たとえば、結婚に際しての「学歴の釣り合い」は、成績の釣り合いではない。まして、勉強の好き嫌いを問うわけでもない。むしろ、何か象徴的な意味での「地位表示」が、そこには含まれている。[15]

確かに、その「差」の中身は、微々たるものである。ミミッチイものである。ところがそのごく小さな差が、心理的・象徴的には、ずいぶん大きな違いに感じられてしまっている。そして、「差異」に注目すると、そこには、「意識における平等化」に含まれる、良く知られた逆説が見えてくる。[16]

社会が平等化すればするほど、残された小さな差異は、心理的にはますます大きな不平等に感じられるようになる。さらには、その微細な差異を際立たせるためにミミッチイ競争が、ますます激しくなってゆく。

たとえば、日本の学校。それは限りなく公平にできている。地域による違いも少なく、機会均等も行きわたり、教科書も授業の進度すら全国一律。良くも悪くも、学校は均質空間である。

ところが、みんな同じで一列横並びになればなるほど、いわばその心理的な補償として、ごくささいな差異に敏感になる。同じ価値基準の序列の上に並ぶからこそ、微妙な違いが心理的には大きな劣等感を生み、優越感を生む。

まさにルサンチマンの温床。生まれつきの身分の違いとは違って、それこそ自分にも到達可能であったはずの「地位」。それが、たかがペーパーテストの出来具合で、なぜ、あいつは中身もないのにもてはやされ、俺はいくら努力しても低くみられてしまうのか。そうした一元的な優越感・劣等感の中で、ルサンチマンはいたるところで、若い人たちの心にはびこっている。

たとえば、「不本意入学」。こんな大学に来るはずではなかった。そう思いながら学生生活を送る学生の数は、おそらく私たちの予想をはるかに上回る。それは、若者のアイデンティティの問題として深く複雑なしこりを残すことになる。微妙な違いのルサンチマンを内に孕んだアイデンティティ。

しかも、困ったことに、そうした差異を求める競争に、すべての子どもが巻き込まれている。学校での成功という価値以外に基準がないから、全員が、この一律に序列化された競争の中にわが身を組み入れるしかない。(17)

逆から言えば、この学歴以外にプライドを示す標識がなく、それでは個人の努力が報われないから、心理的なプライド、ステイタスとして、学歴がアイデンティティの核になってゆく。

そして、その「〈敗者〉復活」は極めて難しい。再度大学を受験し直すことも難しく、学校歴以外の実力でその社会的アイデンティティを覆すのも、今のところかなり難しい。つまり、学歴競争を相対化してしまえる「外側」が、少なくとも子どもたちには、残されていないのである。

こうして、学歴は内なる価値観、内なる人物評価基準として、私たちの心の内にある。人間的な魅力とか、心の優しさなどとは無関係に、どの学校に在籍していたかという名前だけが、雪だるま式に多様な意味にふくらんで、人のアイデンティティを決めてゆく。受験競争における序列化された偏差値のごく些細な差異が、実質的な違いとは比較にならないほど大きな象徴的な意味を持ち、それがそのまま人物評価とつながり、地位表示記号として働いている。

そうした意味において、学歴は生涯その身についてはなれない。身分・階層に近い「属性」になっている。人種による違い・出身階層による差異を、日常的には目立って感じない戦後日本の社会では、この「属性」の小さな違いが、大きな序列の格差になって作用してしまっているということである。(18)

さて、ここまで来ると、もはや絶望的。話が続かない。そこで、最後に、もう一度階段のぼりの話に戻ることにする。

階段のぼりのこっけいさは、階段を一段ずつ、小股足早に駆け上るといった、私たちから見れば、何ともミミッチイ能力で、若者の能力を測り、その人生を決めてしまう点であった。

では一体、それがミミッチイ、ごく些細な能力にすぎないことを、どうやったら、その島の人たちに伝えることができるか。もしくは、階段のぼりの苦手な子どもに、どうやって「あたりまえ」の自信を取り戻させることができるか。

階段のぼりの話の続きを展開してほしいとの誘いに応じて、何人かは、「その後」の展開を書いてくる。学歴社会の根深さに絶望的になり、なんらの展望も見いだすことのできない私にとって、こうした話の展開は、時に、思わぬ「常識崩し」をもたらすことがある。

よくでてくるのは、大爆発や津波が来るというもの。小股内股のエリートたちは逃げ遅れ、自由奔放な「落ちこぼれ」だけが生き残る。そうした大逆転の発想が多いのだが、しかし、その逆転にもうひとひねり加えてくる学生もいる。

たとえば、そのひとつ。島の人びとは隣の島に旅行に出かけてびっくりする。何とその島では「階段下り」のコンテストをしていた。いかに小股で階段を降りられるかによって、人間の優劣を測っていたのである。島の人たちはたいそう混乱し、次第に「階段のぼり」の威信は失われていったという。

一体、この「階段下り」は、現代の受験競争の中ではどんな発想につながるものなのか。

もうひとつ。大きな地震が来て、その島は壊滅状態になる。ところが、島のエリートたちは、あらゆる復興事業に先立って階段を建て直す。しかも、ものものしい豪華な階段。それによって、ますます階段のぼりは威信を強め、象徴的に揺るがぬ意味を持つようになる。

そうした愚かな営みが、日本の国でも、むろんもっと複雑で巧妙な仕方で、進んできたに違いない。ならば、どこでその「威信」を笑い飛ばせるか。

階段のぼりの島で、階段のぼりが重大な意味を持つのは、島の人びとがそれを支えているからである。ひとつの「幻想」として、共有しているからである。外側からの権力によって強制されるのではなく、むしろ内側からの思い入れによって、人びとがその威信を支えてしまう。そして、その幻想に支えられて、階段のぼりの上手な子は得意になり、苦手な子は劣等感を感じてゆく。

むろん、現代日本の社会は、そんな簡単な「幻想」で成り立っているわけではないだろう。しかし、なんらの幻想もなく成り立っているわけでもない。「幻想」という言葉がよくなければ、個人意識に還元することのできない集合意識といってもよい。そうした観念・表象・思い込みによって、私たちの意識や生活が拘束されてしまっている。

私たちは、その幻想をどこに見定めて、それをどうやって笑い飛ばしてしまえるのだろうか(19)。

(1) 勉強とは、書物を学ぶことであり、賞罰によって動機づけられるという「勉強観」は、一九世紀の武士の子弟の間で定着していたという。江森一郎『「勉強」時代の幕あけ』平凡社選書、一九九〇年、八七頁。

(2) 寺﨑昌男編『日本の教育課題6 選抜と競争』東京法令、一九九四年「解説」五頁。近代日本における選抜・競争・学歴に関する資料を丹念に収録整理し、解説をつけ加えたこの資料集に、本小論は多くを負っている。

(3) 試験をめぐる教育史・社会史については、さしあたり、天野郁夫『試験の社会史』東京大学出版会、一九八三年、竹内洋『立志・苦学・出世――受験生の社会史』講談社、一九九一年。

(4) 岩田龍子『学歴主義の発展構造』日本評論社、一九八一年、第五章。「能力」概念については、乾彰夫『日本の教育と企業社会』大月書店、一九九〇年、一三三頁以下、及び竹内章郎「能力と平等についての一視角――能力主義批判のために」藤田勇編『権威的秩序と国家』東京大学出版会、一九八七年など。

(5) R・ドーア『学歴社会 新しい文明病』岩波書店、一九七八年、八五頁。

(6) 小論では「アイデンティティ」という言葉を明確に定義せず、「自分に誇りを感じること=存在証明」という意味でゆるやかに使う。なお、P・ブルデューも「社会的アイデンティティ」という言葉を使うが、それは「他者との差異のうちに宿っているもの」であり、「自分にとって最大の驚異を表すもの、つまり最も自分に近いもの」に対する差異の中で、最も明瞭に現れるという。つまり、アイデンティティ獲得ゲーム=差異化ゲームということになる。P・ブルデュー/石井洋二郎訳『ディスタンクシオン Ⅱ』藤原書店、一九九〇年、四三七頁。

(7) 「将来のために、今はガマンする」という時間感覚については、本書第7章「実存的時間の風景」。

(8) 予備校を肯定的にふりかえる学生は多い。入試突破を唯一の目標とした期間であるにもかかわらず、むしろ「だからこそ」、人生について最も深く考え、充実していたという意味づけ方については、いずれ検討が必要である。

(9) 青年期における通過儀礼の意味については、コリン・ターンブル『豚と精霊』(太田至訳)どうぶつ社、一九九三年。英国社会人類学の「奇才」ターンブルの手になる、風変わりな訳題を持つこの本は、ライフサイクル研究の白眉である。

(10) 同じ競争といっても、「相手を蹴落とす競争(competition)」と「互いに切磋琢磨しながら競い合う競争(emulation)」とを区別する必要があるとの指摘については、たとえば、堀尾輝久『日本の教育』東京大学出版会、一九九四年、三一一頁。この区別を、生徒や学生の心理的真実として、いかに実質的なものにしてゆくか。平等と個性化のパラドックスは、ここにひとつの極みを見ると思われる。なお、この点をも含めて、能力主義問題を現代社会のコンテクストに深く位置づけたものとして、同じく堀尾輝久「現代社会と教育――『能力主義』の問題性」『岩波講座　転換期における人間　別巻　教育の課題』岩波書店、一九九〇年。

(11)　忘れることのできない体験がある。あるワークショップに参加した時のこと。日頃心の中に抑圧していることを表現するレッスンの中で、ある若い女性のこんな声が耳に飛び込んできた。「もう競争したくない。競争はいやだよ。勝ちたくもない、負けたくもない、もうイヤだよ」。ほとんど叫びに近かったその言葉は、日本の若い人たちに共通した思いが、抜き身のまま姿を現したかのように私には感じられた。

(12)　異なる「階層」をめぐる分析として、たとえば、高校卒業時の企業就職について、苅谷剛彦『学校・職業・選抜の社会学』東京大学出版会、一九九一年。生活困難者層については、久冨善之編著『豊かさの底辺に生きる――学校システムと弱者の再生産』青木書店、一九九三年。

(13)　「文化資本の相続の隠蔽性」については、P・ブルデューの所論。たとえば「文化資本の三つの姿」(福井憲彦訳)『アクト』創刊号、一九八六年。この点について、竹内洋『日本のメリトクラシー』東京大学出版会、一九九五年、の説明は明快であり(第一章)、「冷却文化」についても(第二章)教えられることが多かった。さらに、こうした分析視角では説明し切れない日本のメリトクラシーについての解明(第三部)は、日本の受験生の人生行路モデルである「サラリーマン型人間像」、「職場＝会社モデル」、日本特有の選抜システムの分析など、教えられるところが多かった。しかし、「国民文化(日本人らしさ)」への同質性を中心に据えた議論の仕方については、改めて検討が必要であると思われる。

(14)　学歴がもはや企業の中では有効性を失っているという分析は、早い時期では、小池和男、渡辺行郎『学歴社会の虚像』東洋経済新報社、一九七九年。その後の展開については、西尾幹二『日本の教育　ドイツの教育』新潮選書、第七章、一九八二年。

(15)　なぜ、女性の方が高学歴だと「釣り合い」が「悪い」のか。中学生の頃まで、女の子の方が成績が良くても問題にはならないではないか。成績と学歴は別物なのか。ジェンダーと選別の問題にからめていずれ検討してみたい。

(16)　平等化と差異化との関連については、加野芳正「学歴と平等のパラドックス」加野芳正・矢野智司編『教育のパラドックス・パラドックスの教育』東信社、一九九四年、が手際よくまとめている。
(17) こうした序列を内面化せず、精神文化を「女々しい」と感じ、積極的に肉体労働を引き受けてゆく反抗文化(エリクソンのいう「ネガティヴ・アイデンティティ」)が、しかし、これすらも社会体制の維持につながってしまうという分析については、良く知られたP・ウィリス『ハマータウンの野郎ども』(熊沢誠・山田潤訳)、筑摩書房、一九八五年。
(18) こうした説明は、学生たちに通りが良い。その生活実感に合っているということだろう。しかし、日本の社会は本当に平等なのか。階層の違いはないのか。教育のシステムが、ますます階層を固定化させるという分析と、どうつながるのか。象徴的・心理的な差異ばかりを強調すると、経済的・制度的な階層の不平等を見失ってしまうのではないか。経済的・制度的な階層の実態解明から始めて、その階層によって異なる象徴的な差異化競争の意味の違いについて分析し、最後に、そうした差異化競争が、階層そのものまで崩してしまうのか、逆に、結局階層をますます固定させているのか、ていねいに説明する必要があるだろう。たとえば、久冨義之編著『豊かさの底辺に生きる――学校システムと弱者の再生産』(前掲書)などは、その試みということになるだろう。
(19) 当然予想される批判に対して一言。一、こうした「幻想」はすでに分かりきっている。しかし、その「分かりきっている」から出発した教育の理論を教える仕事に、私はあまり魅力を感じない。むしろ、その「あたりまえの」事実に学生たちが自分で気づき、自分なりの身の処し方を工夫してゆく作業を進めたい。二、幻想は崩れない。しかし、幻想をそれとして認識すること。自らをその中に巻き込んでしまっている相手に名前をつけて、その正体を見届けること。仮に崩せないとしても、作業はそこから始めるしかない。そして、その作業に役立つかぎりにおいてならば、ありとあらゆる理論を援用しようと思う。

3　子どもの心の中の死——不思議・戸惑い・屈折

1　子どもの心の中の死——学生たちのレポートから

子どもの頃、死んだらどこにゆくのか、不思議で仕方がなかった。あの頃のそうした不思議な気持ちは、幾重にも折り重なっていて、いったい何を考えていたのか、どのくらい「本気」だったのか、いくら思い出そうとしても、はっきりしない。

やはり本気だったと思う。本気で死んだら次の世界にゆくと考えていた。そして、その世界のことを必死になって思い描こうとした。でも、どこかで、これはお話にすぎないとも思っていた。本当はこんなことはない。作り事のウソッコにすぎない。

誰にも相談しなかった。聞くのが怖かったのだろう。こんなことを考えていると知られたら、笑い者になる。でも同時に、どうせ聞いたところで、誰も本当のことは知らないと、どこかでは感じていた。大人だって本当は知らない。いつからそう感じたのか。あるいはそれは、かなり大きくなってからの

「言い訳」だったのか。

どうして周りの人たちも、実はこうしたことを考えていると思わなかったのか。そう思わないこともなかったのだろうが、でも、そうやって独り善がりに期待して、結局笑い者になる自分の惨めな姿が先立って、ますます怖じ気づいていた。

本当のところ、みんなは子どもの頃、どんなことを考えていたのだろうか。

そうしたことが気になっていたものだから、大学で授業をすることになった時、学生たちから子どもの頃の話を聞くことにした。子どもの頃、どんなふうに感じていたのか。例えば、死んだらどこにゆくと思っていたか。誰かに聞いてみたか。何と答えてもらったか。納得したか。あるいは、初めて死が身近におとずれた時、どう感じたか……。

以下、そうした問いかけに応えてくれた、学生たちの言葉である。

死んだらどこへゆくのか——その問いにどう答えてもらったか

……人が死んだらどこへゆくのか。私がこの問いに初めてつきあたったのは五歳の時でした。仲良しの友達が交通事故で亡くなり、突然いなくなったその子のことを周りの大人に尋ねる度に「死んじゃったの」と聞かされ、「死っていうのはどっかに行っちゃうことなんだなあ」と漠然と理解していました。そしてある日、母に「どこに行っちゃったの」って聞いたら「お星様になったんだよ」って言われて、その後、その友達の星を探すために母と夜空を眺めていたことをよく覚えています。

「星になる」というモチーフは、学生たちの報告にときどき出てくる。大人が子どもに語る時の、ひとつの安心できる形なのだろう。

ただ、それで納得した子（学生）もいれば、逆に、考え込んでしまった子もいる。例えば、ある学生は、保育園の頃、夜の散歩の時に祖父から死んだら星になると聞いた時、「じゃあ、毎日すごい勢いで星が増えていく、そのうち星で空がいっぱいになるんじゃないのか」と「何か引っかかるものを感じた」という。

なるほど、一度にたくさんの人が亡くなった夜など、一挙に星が増えることになる。こうした疑問を感じるのは、どういう子なのか。それとも、どういう状況でこの話を聞くかによって、子どもの心の中に生じるドラマは異なるということなのか。もしくは、子どもの心ではすべてが混在しており、後に回想される段になって、ある側面だけが強調されるということなのか。

そう考えるとある学生の報告は、とても興味深い瞬間を捉えていたことになる。

彼はいつの頃からか、死んだら空に昇ってゆくと思っていた。ところがある日、宇宙は星雲から成り立っているという知識を、実は自分が持っていたことに気がつく。両立しない。〈死んだら昇ってゆく空〉と〈宇宙の星雲〉。同じなのか違うのか。それぞれ別個に納得していたものが、実は両立しない。どちらか一方を拒否しなければならない。愕然としたというのである。

別のある学生はこんなことを書いてきた。

……死んだらどこにいくのと、親に尋ねたことがあった。その時、自分の親は、嫌なものを避けるようにして、「そんなこと聞かないでよ」と言っていた。幼い時、その親の態度を見て、死は忌むべき避けるべきものなのだと、私は感じるようになった。

そういうものかと思う反面、「そんなこと聞かないでよ」と言う親の言葉にも同情したくなる。きっと、突然の（場違いの）予期せぬ質問だったのだ。子どもはいつも不意を打つ。だから大人は身を固くする。防衛的になる。もう少し心に余裕がある時に聞いてくれればいいのに。

それでは、あらためて場を変えて説明しようと始めてみても、子どもの心はもうそこにない。およそ、死とか生命《いのち》とか性に関しては、瞬時のかけ合いが決定的に重要な意味を持つのだろう。

「うちの五歳の息子が言うんですよ、みんな死ぬために生きてる、生きているのは死への行進だって。気味が悪い子だと思うけど、考えてみれば間違っていないよね」と、そんな母親の言葉を、どこかの記事から引用してくれた学生もいた。

死に向かって、ぞろぞろせかせか、蟻の行列みたいな人間の行進。そんな場面を子どもと一緒にクレヨンで描く。そんな「遊び」が自然にできたら、デス・エデュケーションなどというカタカナは必要ないのかもしれない。

死に触れた思い出——死を知るということ

学生たちの報告に、カエルや蝶といった小さな生き物たちを殺してしまった経験が出てくると、私はなぜかホッとする。まだ大丈夫だと思う。子どもの頃に生き物を殺してしまった苦い思い出を持つことのない人たちばかりの「清潔な」社会が、いずれ来ると、どこかで恐れているのかもしれない。

……子どもの頃、近所の田んぼでカエルを捕らえて自動販売機のストロー入れに閉じ込めておいたことがある。何か月かして再びそれを開けた時、カエルは完全にミイラ化していた。あの時の恐怖は決して忘れない。私は遊びでカエルを閉じ込めて死なせてしまった。

リセットボタンを押せばやり直しのきく「清潔な」メカニズムを滑るように生きているように見えた若い人たちの心の中に、やはり、こうした心残りがある。嬉しかった。しかし、カエルに申し訳なかった……、と続くこの報告に、私は物足りなさを感じた。詫びるのでなく、むしろ感謝すべきではないか。ミイラとなってストロー入れの中でじっと待ち続け、彼に死を体験させてくれたカエルに、もっともっと礼を言うべきだ。あのカエルがいなかったら、彼は（死を「知らない」まま）別のところで、別のいのちを、もっと残酷に奪っていたかもしれないではないか。

おそらく一人の人が「死を知る」には、いくつかの生命《いのち》が犠牲になる。いくつかの生命《いのち》を踏み台にして初めて死を知る。誰かが（何らかの生命《いのち》が）その犠牲になる。それは避けられない。人が「死を知る」ということは、それほど大変な（困難な・周りの迷惑の上に成り立つ）ことなのだと思う。

もう一人、かなり鮮明に「死に触れた」場面を思い出してくれた学生がいた。庭の金魚の話である。少し長いがまるごと引用する。

……ある日、一匹の金魚がおなかを浮かせてバシャバシャと痙攣《けいれん》したようになりました。私はたぶん四歳くらいだったと思います。初めてそれを見て、何だかその金魚が「異様」に見えて、恐ろしくて、でも何とかしなければと焦り、手で水をすくってかけたりしましたが、何の効きめもなくて、そのうちまったく動かなくなって水面に浮いて水の流れに合わせて、漂っているだけになってしまいました。私は直観というのか、うまく表現できませんが、この金魚はもう二度とスイスイ泳いだりできないんだと感じて、手のひらにすくい上げて、祖父に見せました。庭に埋めてやれと言われ、その通りにしました。しかし数日たつと金魚のことも、庭に埋めたこともすっかり忘れてしまいました。シャベルで庭を掘り返したり山を作ったりして遊んでいました。その時、本当に偶然に、埋めた金魚を掘り返してしまったのです。金魚は白く骨になって目はおちくぼんでいて、それは黒々とした土の中にはっきりと浮かび上がって、鮮烈に目にとびこんできました。私は激しく動揺して、あわてて金魚に土をかけました。胸がドキドキして、いっぱいいっぱい土を盛り上げました。不思議なのは、まだお墓を掘り返すという「タブー」の意味を誰にも教わっていないはずなのに、「自分はしてはいけないことをやってしまった」という気持ちで、しばらくは胸のドキドキが止まりませんでした。その時に「死というものの意味」（いわゆる科学的な知識も含めて）知っていたとは思えないのですが、死に近づいてゆく金魚を見て恐ろしくなったこと、骨になってしまった金魚を見てしまった時のショックは記憶の中に残り、消えることはありませんでした。

この報告を読んだ時、私もドキドキした。その情景があまりに鮮烈に思い浮かんだからである。同時に、こんな大切な心の秘密を聞いてしまったことへの申し訳なさもあった。それは、レポートとして提出してもらったことへの（教師という特権を利用して情報収集を企んでいたことへの）後ろめたさだったのかもしれない。

この「後ろめたさ」は、死をテーマにするとき、常につきまとう。まして、愛する者との死別の報告は、私たちから言葉を奪い去る。

近親者との死別に際して――看取るということ

近親者との死別は、まったくさまざまである。そのひとつひとつが当人にとっては、一度きりの大切な体験なのだから、安易な分類は許されない。コメントもできない。私たちは、その事実の前に立ち竦《すく》む。

……私は中学生の時、父を亡くした。ガンだった。入院してからどんどんやせ細る父を見るのはとてもつらかった。でも不思議と死ぬということは感じなかった。少なくともすぐには。……たぶん死について考えたくなかったのだと思う。母にきくのも怖かった。私はその話題を避けていた。そして、その日は突然訪れた。その後の私は父の話題は避けていたように思う。デス・エデュケーションといっても、教師や大人が死をわかっているとは思えない。私も中学で、泣きたくなって落ち込んでいる時、先生に「どうしたんだ」と言われても、あんたには言ってもわからないと思ったし、母を亡くした友達にだけ話をした。大人だから子どもだから死の理解度が違うわけではなく、同じ体験をしたかどうかだと思う。

……私の母は私が浪人していた時に死にました。母はずっと長い間リュウマチを患っており、脳梗塞で入院しました。……ある日いつものように朝食を食べさせに病院に行くと、……意識不明の状態であることを聞かされました。……お医者さんは心臓マッサージをしながら、声を掛けてあげて下さいといわれました。私は無我夢中で母の肩を揺すりながら、父は母の手を握りながら、二人で心臓が止まるまで母に声をかけ続けたのを覚えています。心臓が止まった時は、えもいわれぬ悲しみに襲われ、自分のつめで皮膚を傷つけながら、病院のすみで泣いていました。結局、母の最後の言葉は聞くことができませんでしたが、最後に、緊急病棟から家族の立ち会える病棟に母を移してくれたお医者さんには感謝しています。……母に会うことができ、母の死を看取ることができたことで、心の中で母の死を受け入れることができたからです。

こうした看取る体験は、その後の人生にどれほど大きな意味を持つのだろうか。人は自分の亡骸《なきがら》を次の人に見せることによって、人生の意味を伝えてゆくのかもしれない。文字通り一回限り、身をもってしか受け渡すことのできない「何か」。そしてそれを、確実に体の芯で受け止めている若い人は、「死を軽んじる風潮」などと言う一般論をよそに、間違いなく、おそらく私たちの予想をはるかに越えて、多くいるように思われる。（むろん、近親者の亡骸を前にした場面の、学生たちの回想はさまざまである。例えば、祖父母の死に際して、悲しむことができなかった戸惑いを、幾重にも屈折した思いと共に思い返す学生はかなり多い。）

ところで、近親者の死ということになるのだろうか、母親の流産・死産といった経験を報告してくれる学生もいる。あるいは、この世では出会うことのなかった「自分の兄弟」のこと。

……母は子ども（つまり私の兄弟）を病気で亡くしました。私はいつもいない兄弟のことが不思議で、どこに行っちゃったのと、事あるごとに母親に聞いていました。母親は、魔法で消しちゃったんだよといつも答え、私がどうして消しちゃったのと聞いても、答えてくれませんでした。しかし、幼稚園を卒園し小学校に入学する時期に、母はとうとう私の兄弟が死んだことを教えてくれました。私は母親の涙からその恐ろしさを、そして実体験から死んだら二度と戻ってこないのだということを感じ取り、あまりの怖さと悲しさに泣きじゃくりました。そして、どうして今まで教えてくれなかったのと尋ねたところ、まだ早過ぎて分からないと思ったからだよと教えてくれました。でも私はその時、私にもちゃんと分かるよ、もっと早く知りたかったという思いでいっぱいだったのを覚えています。そして、じゃあ今はどこにいるのと聞いたところ、今はいつでもそばにいて見守っていてくれるんだよと教えてくれました。その言葉で私はようやく涙がおさまった気がします。つまりこの言葉が私と死のクッションになったのだと思います。

先に逝った者の存在は、残された者に、何を伝えるのだろう。とりわけ、先に逝った子どもたちは、私たちに何を語り続けるのだろうか。

死の恐怖、あるいは興味

家族ではないのだが、身近な人の死が決定的に重要な意味を持つこともある。あるいは、身内でない分、家族関係に左右されずに直接自分の問題として心に刻まれるということかもしれない。

……保育園の頃、仲良しだった友達のお父さんが交通事故でなくなっていました。私はその子にお父さんがいないことが不思議で、その子に時々、どうしてお父さんがいないのと聞いては、死んじゃったのという答をもらい、漠然と死というものが、いなくなることなんだと知りました。何で聞いてはいけないのかさっぱり分からず、そんなことゆみちゃんに聞いちゃダメよといわれました。ある日そのことを私の母に言うと、ゆみちゃんがかわいそうでしょと言われても、それも分からず、何でゆみちゃんがかわいそうなのか、死というものが悲しいのかつきとめたくて、ますますゆみちゃんにお父さんのことを尋ねた覚えがあります。あの当時の私でも、たぶん、自分の父が死んだら悲しくてたまらなかったはずなのに、ゆみちゃんの父親が死んだと言われても、それはあまりに自分から遠過ぎて、死をタブー視する理由が分かりませんでした。

死は、安易に口にしてはいけない。それは人を悲しませる。子どもはいつごろから、そうしたことを学んでゆくのだろうか。あるいは、死への興味は、自然なことか、それとも、何らか特別な配慮を必要とすることなのだろうか。（子どもの頃、死ぬことが怖くて眠れなかったという報告は、毎年多い。死んだらどうなるのか、宇宙の外には何があるのかといった〈無限〉に対する恐怖を抱いていたとか、夜、眠れなくなり、この眠れない状況もまた、恐怖の対象だったとか、年齢も幼稚園の頃もあれば、十歳前後の場合もあり、多様である。）

ところで、担任の先生の自殺というショッキングな（衝撃的であったと思われる）体験を報告してくれた学生がいる。

……小学校六年の四月、五年生からお世話になった担任の先生が自殺なさった。初めて先生が学校を休んだその日、夜、連絡網で回ってきたようだ。母が対応し、塾の送り迎えに来た時に私に伝えようとした。あのね、先生がね……とそう言って口ごもった母の顔を見て、死んだのと答えていた。失礼だとは思うが、この言葉を使ったことだけははっきり覚えている。初めは過労と伝えられていたが葬式に参列し、自殺であることを知った。葬式に出る前に作文を書かされた。近くにいた女の子がわんわん泣きながら書いていたのを覚えている。けど、なぜか分からないけど、私の心は何も動かなかった。先生が死んでしまってもう会えないということだけは、母が驚いた顔で私をのぞき込んだ瞬間にさとった。けど、その時の気持ちも、ああ死んでしまったんだという気持ちだった。私には死ぬということが断絶に感じられなかったし、なぜか今も感じられない。……先生が亡くなった時、小学校の先生が自殺するなんてと、社会的話題になり、新聞に連載が出たらしい。自殺するなんて子供の教育上よろしくないというところなのだろうが、学校でいったいどんな死の教育ができるというのだ。先生はある意味、私に死を教えてくれたと思う。死をどんなふうに私が感じるかを、気づかせてくれたのだから。今学校で、死の教育をするといっても、科学的知識を与えることにしかならない気がする。死は誰にでも来るし、どこの家にも絶対来る。だから一斉授業という形ではなく、日常の中で学んでゆくことのように思う。

小学六年生で担任が自殺する。子どもたちにどう伝えるか、動揺させないか。当事者だったらおろおろするに違いないが、案外、子どもたちは「口ごもった母の顔を見て」一瞬のうちに事の本質を感じ取る。むろん、子どもすべてがそうであるわけではないとしても、子どもの中には必ずそうした「勘のいい子」がいて、そうした子をいわばアンテナにして、子どもたちの中に伝わってゆく。大人は、ともかくその流れを中断させない事だけ肝に銘じ、傍で見守っていさえすれば、あとは、助言しようと、黙ろうと、おろおろしようと、子どもにとっては大差ないのかもしれない。

動かないこと――動じることのない度量

最後に、ある大学院生が話してくれたお母さんの話を報告して終わりにする。

彼は小学生の頃、母親と二人で暮らしていた。ある日、機嫌が悪かったのか、母に当たり、母を殴ったりしていた。彼が母を突き飛ばした時、母は倒れて動かなくなった。このくらいで死ぬはずない。子どもでもそのくらいはわかった。でも動かない。少し心配になって、起きてよと言うのだが動かない。そのうち本当に心配になってきて、揺り動かしてみるのだが反応がない。すがりついても動かない。とうとう必死になって、泣きながらお母さんを呼んだそうだ。でも動かない。ピクリともしなかった。どうしてよいかわからず、本当に怖くなって、泣きじゃくったそうだ。死んじゃ困る……。

二十分くらいだったか、お母さんがモゾモゾ動き出した。お母さんのバカ、お母さんのバカ、そう言って彼は母親をたたき続けたと言う。「あの時、母は何を考えていたのだろうか」。

本当に、このお母さんは、どんなことを思って動かなかったのだろうか。息子の泣きじゃくる声を、どんな思いで聞いていたのだろうか。

もし「家庭におけるデス・エデュケーション」などということを、本気で考えるとしたら、このくらい動じることのない度量の大きさが、まずもって必要なのかもしれない。

2　大人が・子どもに・死を・教える——デス・エデュケーションの困惑

「デス・エデュケーション」というカタカナが、まだもの珍しかった頃の（一九八〇年代の）ある酒の席での話。

一体これは何か。死について教育するらしい。でも、そんなことできるのか。死は、教えることか。教えられるのか。道徳の授業みたいなことか。そんなおしゃべりに、ある先輩が、割り込んできた。デス・エデュケーションとは、教育が死ぬということだ。誰も相手にしなかった。酔っ払いの下手なしゃれ。まるで意味の取り違い。誰もがそのぐらいに聞き流したものだった。

でも、もしかすると、この言葉は、事の本質に触れていたのかもしれない。もし、デス・エデュケーションが「死の教育」であり、死を教えることであるとするなら、それは、もはや「教育」を越えている。何か別のことになっている。死を教育しようとすると、教育が成り立たない。教育が死ぬ。

そうした事の本質を、もしかすると、この言葉は、サラリと言い当てていた。あの酔っ払いの先輩は、そこまで承知だったのだろうか。

大人が教える

デス・エデュケーションの話は、ずいぶん広い。広がり過ぎて、収集がつかなくなると困るので、話を限定しておく。

大人が子どもに死を教える場面。大人が・子どもに・死を・教えるとは、一体、いかなる出来事なのか。

まず、「教える」というからには、教える側は、それなりに「わかって」いないと都合が悪い。教える者は、教えられる者より、よく「わかって」いるというのが、通り相場だからである。

では、死とは何か。大人は「わかって」いるのだろうか。

少なくとも、「子どもよりは」良くわかっている……。そう単純に思い込んでいる大人にだけは、「死の教育」をしてほしくない。実は、自分にも良くわからない。にもかかわらず、教えなければならない。その困難な事態を、とことん見てしまった人にだけ、お願いしたい。

とことん見たら、とても教える事などできなくなる。そうに違いないのだが、まさに一度、そう断念した人にこそ、お願いしたい。

「死の教育」を試みて、教える側がわかっている範囲のことを教えても、本当の意味では「死がわかった」ことにはならない。本当に「死がわかる」のは、おそらく「教育」とは異なる場面であるに違いない。

例えば、死を学校で教える。教師がひとりで一方的にしゃべり、生徒たちは黙ってじっと聞く。そうした知識伝授の空間。その中で語られる「死」。

そんな知識の伝達だからダメなので、互いに心を通わせる必要がある。よく、そう言われるのだけれど、しかし、死について語る時だけ、突然、心の通った特別な関係になれるのだろうか。

むしろ、話は逆ではないか。いつも心の通い合う空間にしておくこと。変な言い方だけれども、いつ死を語ってもよいように、教師と生徒の関係を整えておくこと。つまり、「死を語りうる」関係であるかどうかは、教師にとって、ひとつの試金石なのである。

そうであれば、大切なのは、今の学校教育のカリキュラムの中に、いかに死を取り込むかではないのだろう。そうではなくて、死を教室に持ち込むと、今の学校はどう変わるか。変わらざるを得ないか。それこそが問われるべき問いであるだろう。

これまで学校というところでは、死は、めったに語られなかった。そんな縁起の悪い話はしない事になっていた。よけいな動揺を与えない方が良い事になっていた。

しかし、それは子どものためを思っての事だろうか。

むしろ、学校は、初めから、死を締め出すことで成り立ったのではないか。死やら出産やら、そうした人生の不思議を扱いだすと、教師の方もよくわからなくなる。死んだらどこに行っちゃうの。その一言で、心ある教師なら立ち止まる。「生徒よりたくさん知っていること」を前提に成り立っていた教師―生徒の関係が、もはや、そこでは成り立たない。死を扱うと、教師―生徒の関係が崩れてしまう。変わってしまうのである。

その「死」を、あらためて、教室に持ち込むというのであるから、問題の根は深い。もしかすると、近代以後の「教育という常識」を、まるごとひっくり返しかねない企てなのである。

もうひとつ、別の場面。

例えば、家に閉じこもり、悩みを内に抱え込み、自分をいじめつくした果てに、自殺を願望し始める、神経症的な子どもたち。もしくは、心身ともに疲れはて、生きるエネルギーが萎えてしまって、自然にこの地上から離れてゆきそうな子どもたち。

そうした子どもと付き合っていると、ある場面で、フト「この子は死ぬ」と感じることがあるという。このまま無理させると死ぬ。誰かいないと死ぬ。死なせてはいけない。

その時の、その子への関わりは「教育」だろうか。

それをも「教育」と言うなら、この言葉はずいぶん広い意味内容を背負っている。「この子を死なせてはいけない」と言う次元の関わりと、「勉強しないと内申書に響くぞ」という次元の関わりを、同時に意味するひとつの言葉。

しかし、逆にもし、教育と言わないなら、何と言うのか。もはや教育ではなく、何なのか。

もし仮に、「生命《いのち》が生命《いのち》を愛おしむ、やむにやまれぬ思い」とでも言ってみるなら、死という出来事は、人と人との関係を、そうした次元にまで連れ戻す力を持っている。

そこには、技術も意図も計画もない。ただ、やむにやまれぬ、むき出しの、ありのままの関係。「教育」を「死」とつないだとたん、教育は、そんな「とんでもない」次元に引きずり降ろされてしまうのである。

ところで、身内の者の死に際して、その死を子どもに伝えるべきかどうか。それは、大人にとっても、子どもにとっても、切なくつらい問いである。

例えば、大好きだった「おばあちゃん」の死。その関係が深ければ深いほど、伝えにくくなる。伝えない方が良いと思えてくる。

大人だって耐えられないのに、子どもに伝えて大丈夫か。ショックが強過ぎる。つらい思いはさせたくない。知らない方が良いではないか。まだ死が理解できないのだから、よけいな不安を与えない方が良いだろう……。

そう思うのだけど、本当にそうか。

子どもの側から見ると、どうなのか。例えば、ある方は、お父さんを亡くした経験を振り返って、こんなことを書いている。

「父は、私が小学校の時に病死した。その日、いつもの見舞いのつもりで病院に行った私は病室に入れてもらえず、廊下に長い間待たされた後、父が死んだことを告げられた。私は、事態を疑うこともせずに命じられるままボーッとしていた自分に腹をたて、父が最後に私に会いたいと言ってくれなかったことに傷つき、子どもというのはそれほど軽い存在でしかないのかと絶望し、父が生死をさまよっている時に私が耳元で呼んだら、父はこの世に引き返して来てくれたかもしれなかったのになどと考えて、ズタズタになった。」

そしてつけ加える。「……子どもというのはそれほど、やわなものではないような気がする。試練は自分なりに消化してそれを糧に成長する底力を持っていると思う。むしろ大人が変に気を回して、死をタブー化してしまうことの方が、子どもにとっては残酷なことなのではないだろうか。」(『朝日新聞』一

九九二年一一月三〇日夕刊）

それが、子どもの側から見た言い分なのである。それなのに、なぜ大人は、伝えない方が良いと思うのか。子どもにはまだわからないのだから、よけいな不安は与えない方が良い。それは、大人のどんな言い訳なのか。

ある報告を読んでいて驚いたのだが、七歳の女の子がこれと似たことを言っている。父親の死をどう受けとめたかというインタビューの中。

「グレッグは私より小さいので、いまだにパパが本当に死んだとは思っていません。イタリアかアイオワにいて、いつか帰ってくると信じています。……」（J・クレメンツ『神様、なぜママを死なせたの』箕浦万里子訳、偕成社、一九八六年）

五歳の弟は、「まだ小さかったからわからない」。しかし、五歳の弟にわからないことが、どれだけ七歳のお姉さんには「わかった」のか。もしくは、逆に、この弟も実は同じほど「わかっていた」のではないか。七歳の姉とたいして違わなかったのではないか。

ところが、その「わからない」を、すべて弟の側に任せてしまう。そして、弟にはわからなかったという言い方で、事態と自分の間に距離を取る。対象化して語り得るものにする。そういうことなのではないか。

大人も、きっと、同じなのだろう。このつらい思いを、自分より年下の者には味あわせたくない。「わからない」と思う方が、慰めになる。そして、案外、子どもも微妙にそれを感じ取り、大人の期待に応えて、何も知らない素振りをする。

そして、結局、「子どもにはわからないのだから、知らせない方が良い、見せない方が良い」という言葉になってゆく。

こうして、死の教育という言葉が、あらためて私たちに突きつけるのは、私たち大人が、子どもと死との「間」にいる、という事実である。

それは、大人が子どもを死から「守っている」ということであり、同時にしかし、子どもから死を「隠してしまっている」ということでもある。

いずれにしても、その「間」にいる。では、いなくなれば、それで良いのか。

そうは思えない。やはり、子どもを、無防備のまま、死に近づけてしまうことには慎重でありたい。しかし、隠すべきとも思えない。

では、「自然に」とは、どうすることなのか。子どもと死との間にいる大人が、「自然に」両者の「間」に入るとは、どういう関係のことなのか。「死の教育」は、そんな切ない問いに私たちを連れ出してしまうのである。

子どもが理解する

ところで、あらためて、子どもには死がわかるのか。わかるとすれば、どの程度なのか。大人の理解とは、どう違うのか。

例えば、幼稚園の子どもにとって、死は「もう会えなくなる」ことと同じだという。そこで〈遠方に引っ越してもう会えない〉のと、〈死んでしまってもう会えない〉との違いが、良く理解できないという。

そんな話を聞くと、私たちは、かわいいものだと思うのだが、では、その違いをどうやって言葉で説明できるか。親の転勤に連れられて、もう帰ってくる可能性がない大の仲良しの「ナオちゃん」を見送りながら、また会えるの、帰ってこないの。その質問にどう答えるか。引っ越ししてもまだ生きているけど、死んだらもう生きていない。それで、何かを説明したことになるのだろうか。

しかし、もし、そうした説明にもならない説明でも、大人が誠心誠意ていねいに繰り返すことによって、子どもたちの不安が少しでも静まるならば、それは大成功ではないか。喜ぶべきことではないか。

そして、もしそうであるなら、「子どもが死を理解する」のは何のためなのか。

理解することで、よけい不安になり、生きる意欲を失っても、やはり理解すべきなのか。それとも、理解することで安心し、人生を肯定できる限りにおいて、理解すべきなのか。それは、大人の側に態度決定を迫る問いである。

何のために伝えるのか。何を願って伝えるのか。子どもにどうなってほしいから、あえて、こんなつらい事実を伝えるのか。もしかすると、そうした気持ちこそが一番深く、子どもの心に伝わるのではないか。

むろん、実際は、気持ちの問題だけではないだろう。いつ伝えるか。どう伝えるか。大人は困惑するに違いない。しかし、一番大切なのは、何のために伝えるのか。子どもにどうなってほしいから、あえて伝えるのか、もしくは、あえて伝えないのか。その態度決定であることは間違いないだろう。

ところで、同じ子どもといっても、年齢によって理解の程度が違うという（たとえば、ハンガリーの女性心理学者M・ナギーの古典的論文。H・フェイフェル編『死の意味するもの』岩崎学術出版、一九七三年に収録）。しかし、それを言うなら、同じ年齢だって、その置かれた状況によって、理解が全然違ってくるだろう。例えば、戦禍の中をくぐった五歳児と、クーラーでパソコンゲームの五歳児。この二人の子どもが、死について、同じ理解をするとは思えない。良し悪しの問題ではない。違って当然なのである。成育年齢だけが、その理解を左右する決定要因ではないということである。

では、どんな要因が、子どもの死の理解を左右するのか。

それについては、さまざまなことが言われている。例えば、①親しい人の死とか、戦争や地震といった、人生経験。②家族と死について話すことができるかどうかといった家族関係。③好奇心や共感するセンスの豊かさなど、本人のパーソナリティ。④認識能力のレベルの違いなど、知的発達。

そのそれぞれに、心理学者の詳しい研究データが付いていて、それはそれで貴重な資料には違いないが、しかし一体、死について「よりよく理解する」とはどういうことなのか。

例えば、「死んだらその後どこへ行くと思うか」についての調査。

この問いに、どう答えることが、よりよく理解したことになるのか。死んだら天国で待ってるおばあちゃんのところへ行くという答えと、死んだら焼かれて灰になるという答えと、さて、どちらが「発達」した答えなのか。

もしくは、子どもの頃から死についてただならぬ関心を持つのは、心配すべきことなのか。健康な死への関心とは、どういうことを言うのか。

もしくは、子どもの心の中で、死は、特別に忌み嫌うことでもないのか。それが、大人の反応を取り入れることによって、忌み嫌うようになってゆくのか。

残念ながら、心理学の研究データは、そうした問いには答えない。「子どもの心の中で死はどういう意味を持っているのか」。実は良くわかっていないのである。

ところで、そんなややこしいことを言う前に、実は子どもは、この地上に生まれたその時から、死を本能的に知っている、ということを言う人もいる（たとえば、R・リフトン、加藤周一、他『日本人の死生観』（上）岩波新書、一九七七年）。

生きる意志は、すべて、死から遠ざかろうとする意志。その正体はわからないとしても、「それ」から必死に逃れている当の「それ」としては、生まれた時から知っているという。

その原初的な体験は、母親から離れ、「守られていること」から切り離されてしまう「分離」のイメージ。もしくは、体を傷つけられ、まとまりが崩れてしまう「崩壊」のイメージ。もしくは、閉じ込められ、動きが止まってしまう「停滞」のイメージ。

こうした死の恐怖の原体験から、子どもは、本能的に死を「予感」する。そして、こうしたイメージの統合として、死を徐々に明確に意識してゆくというのである。

そう言われてみれば、私たちにとって、死が、「新しい知識」として入ってくることはない。ある哲学者も言っていた。

「人は、ある日、自分がずっと前から知っていたことに気づく。」

そして、続ける。「学ぶべきことをすでに前もって知っていながら学ぶとは、以前には理解せずして知っていたことを、身をもって生きた知識として、感動の熱に燃え、強烈に情熱的に身を負った具体的な認識（グノーシス）として突如知ることだ。」（V・ジャンケレヴィチ『死』仲沢紀雄訳、みすず書房、一九七八年、一五頁）。

人は、死という出来事を、そのつど自分なりに、それまでの経験をくぐらせて、内側から受け取り直す。そうした、心の内側で育ってきた、死のイメージは、その人の人生観と別のものではないのだろう。その人生観を、二言三言の質問で理解しようとするのが滑稽であるように、人の心の中の死のイメージは、そう簡単に理解されるものではなさそうである。

死とは何か、よくわからない。死を理解するとはどういうことか。それも、良くわからない。しかし、そこでいう、「わからない」とはどういうことかを問うことはできる。そして、大人にとっての「わからない」と子どもにとっての「わからない」とを比べてみることはできるはずである。

しかし、子どもたちは死をどう理解しているのか。子どもの心の中で、死はどんな意味を持つのか。そして、それを、私たち大人は、どうしたらわかるのか。子どもの心が理解しているままの死を、どうしたら私たち大人は理解することができるのか。

こうした〈わかる〉をめぐる二重の問い。「死の教育」は、その成立根拠を掘り下げてゆくと、そうしたややこしい問いにまで、私たちをつき合わせてしまうのである。

共に立つ――手際よく済ませない

さて、それではデス・エデュケーションは無理なのか。

そうは思わない。やはり、大切に育てたい。しかし、慎重に育てたい。ゆっくり時間をかけて戸惑いたい。

始めたいけど、何をしたら良いのかわからない。本当に子どものためになるのか自信がない。死は教育できることなのか、ますます混乱してしまう。それでいい。その方がいい。そうやって時間をかけないと、このデス・エデュケーションの持っている意味の深さがつかめないのではなかろうか。

混乱し、戸惑いながら、「教育」イメージを問い直し、子どもと大人の関係を問い直し、人生の意味を問い直す。そうしてこそ初めて、デス・エデュケーションの提起する問題の射程の長さが実感できてくるのだと思う。

しかし、そうすると、デス・エデュケーションの事前の準備ができなくなる。それでは遅い。準備ができない。ありあわせの、その場しのぎの対応になる。

その通りなのだが、仕方がない。それでいいのだし、もしかすると、その方がいいのだろう。用意した、すでにわかっていることを伝えるのではなくて、まさに今、自分も戸惑いながら、同じ地点からスタートする。子どもと同じ方向を向いて、死の前に立つ。人生の問いの前に立つ。泳ぎの練習もしないまま、ザブンと子どもと一緒に飛び込んで、一緒にもがく。

それでは、意図的・計画的な準備は必要ないかといえば、そんなことはない。やはり、準備はした方がいい。話のアイデアを多く持つに越したことはない。しかし、それは、デス・エデュケーションを「手際よく済ませる」ためではなく、むしろ、「問題の深みに自分を巻き込ませる」ためである。

そして、そのつど子どもと同じ地点からスタートする。一緒に戸惑いながら、そこでぶつかる「わからなさ」を整理し、より深い問いへと一歩を進めてゆく。そのための準備ならば、いくらあっても、困ることはない。

「死とは何か」。大人も子どもも良くわからない。

人生の問いの前では、まるで等しくわからない。たとえ大人の方がたくさんの情報を持っているとしても、本質的なところはなんら変わらない。

その同じ「わからなさ」を共有すること。いっしょに戸惑うこと。戸惑いながら、でも、自分なりに納得しようと、子どもと一緒に試みてみること。

「大人が・子どもに・死を・教える」という営みは、もどかしくとも、その地平から始めるしかない。もしくは、何度も何度もその地平に立ち返ることによってしか、意味を持ち得ないのではないだろうか。

幕間劇1　子どもの心の中の「性」

「子どもと死」というテーマに、かなり長い期間、関心を持ってきましたが、ある時期からこの話題に、ある種の「危険」を感じるようになりました。

たとえば、「子どもと死」と題して学生たちに話をします。学生たちはとても真剣に聞いてくれます。しかしまさにその「真剣さ」が危険に感じられるのです。教室という空間で生じるその真剣さは危険ではないか。たとえば、その真剣さの中で、ある学生は、今まで身近な人の死に出会ったことのない自分を不安に感じてしまいます。別の学生は、死と向き合ったことのない自分を責めたりします。それは「感動できない自分を不真面目と感じてしまう構図」そのものなのです。

しかし、本当の問題は、私の側にあります。私自身が真剣になりすぎ、学生たちの心に響く言葉を求めるあまり、「感動的な」話を用意する。そして、学生たちはそうした話に「真剣に」聴き入ってしまうのです。ということは、死のテーマは扱いにくいどころか、実は語りやすいということです。真面目になればなるだけ「成果」が出る。あるいは、結果的に「癒し系」の効果を持つことによって、今の時代、好んで受け入れられてゆく。そうした危険を感じ始めたのです。

そうした頃、以前から気になっていた「性」の問題が、あらためて浮上してきました。むろん、多少精神分析をかじった者として、幼児期における性の問題は、たえず気になっていました。「性の問題」を「死の問題」とワンセットにして考えたい。あるいは、死と性という、いわば人生の両極から、「人生の問題（いのちの問題）」を問い直すべきである。ずっとそう考えてきました。

しかし、いざとなると、性の問題を話題にすることができないのです。気恥ずかしいということなのか、どうにもやりにくいのです。そうした話題ならば得意な先生がいるだろうから、なにも私が戸惑いながらやることはない。今まで、ずっとそうやって自分に言い訳を続けてきたわけです。

しかし今回、二つの点で考え直すことにしました。ひとつは、性を語る際の「戸惑い」を大切にすること。その戸惑いに立ち止まり、その語りにくさを見届けてやろうと思ったのです。もうひとつは、それに比べたら、死の問題がいかに「やりやすくなっているか」。真剣になればなるほど深まるように思えてしまう、その「やりやすさ」の構図を見極めたいと思ったのです。

では一体、死を語ることと、性を語ることとは、どのように違うのでしょうか。「死んだらどうなるの」という問いに対する戸惑いと、「どうやって生まれるの」という問いに対する大人の側の戸惑いでは、一体、何がどのように違うのか。つまり、性を語ることに含まれる「やりにくさ」から、逆に、死を語る問題を問い直し、それを通して「いのちを語る」困難を確認したいと思ったわけです。

その手始めとして、子どもの頃の「性の理解」を思い出してみることにしました。子どもの頃、どのように理解していたか。たとえば、「子どもはどうやって生まれるの」という疑問を感じたことがあったか。それを誰かに聞いてみたか。どう対応してもらったか……。以下、そうした簡単な問いかけに答えてくれた学生たちの言葉です。

（なお、このとき「性」という言葉は、さしあたり、誕生・出産・妊娠・生殖……とゆるやかに理解しておきました。しかし実はこの前提こそ、もっとも緊急な検討課題です。「性」と「生殖」とを性急に結び付けてよいか、「誕生」と「出産」は別のカテゴリーではないか、多くの問題が含まれます。学生たちには、ごくゆるやかな理解のもとに尋ねてみました。）

漠然とした疑問

……おそらくは弟（二歳年下）が生まれる時、「赤ちゃんはどうやって生まれるの？」と母親に聞いた覚えがあります。母が「お父さんとお母さんが仲がいいと生まれるのよ」と答えたので、小学校高学年くらいまで、夫婦が仲がいいと、自然にお腹がふくれて赤ちゃんができるのだと思っていて、（他の面ではかなりマセがきだったのですが）どうやって身体は夫婦の仲のよさや恋人を見分けるのか疑問でした。……

……私も幼い頃、よく母親に「弟がほしい」と言っていた。そんなとき母は必ず「お父さんと相談してみるね」と返事をしていたので、赤ちゃんはお父さんとお母さんの、何か共同の出来事を通じてやってくるものだと漠然と思っていた……。

かなり多くの学生たちが、こうした「漠然とした疑問」を報告してくれました。しかし、不思議に感じるその問題点は、学生により（子どもにより）微妙に異なるようです。たとえば、ある学生は「父親との血のつながり」を不思議に感じ、こう書いてきました。

……父と血がつながっているということの意味がわからなかった。TVゲームやアニメでも「……の血を引く」という表現があったが、実際に子どもを産むわけでもない父親と血がつながっていたり、父親に顔が似ているということが不思議でならなかった。子どもはどうやって生まれるのかという質問よりも、まず母にたずねたのは、「もし子どもがおなかにいるときに、お父さん以外の男の人がそばにいたら、生まれてきた子どもはその人に似るのか?」というものだった。母は「そうはならない」と答えた。……

「そうはならない」と答えた時の、お母さんの心中を察します。やはり頭が真っ白になったのでしょうか。「それ以上聞かないでくれてよかった」というある親の正直な報告を思い出しました。

このあたりの事情を、別の学生は、こんなふうに報告しています。

……私は「どうやって生まれるの」という問いを、小学校に入る前くらいのときに母に尋ねたことがあります。そのとき母は「精子と卵子とが合わさってできるのよ」と言ったので、「どうやってそれが合わさるの」と聞くと、「男の人と女の人が互いに好きだと自然とそういうふうになるの」と言われました。私はその話を中学生くらいまで信じていたので、性行為の存在を知ったときは相当ショックだったのを覚えています。そのときは「母は嘘をついていたんだ」と少し嫌悪しました。……でも今ではそのことに感謝しています。……

「精子と卵子の結合」という生理学的事実と、「性行為」という人の営み。まして、その背景をなす女と男の恋の綾までそこに重ねて理解するのは、単なる「知識の伝達」とは、かなり位相の異なる出来事であると思われます。はたして、両親が不仲である場合、この関連は、微妙なことになってきます。

……小学校三・四年で科学的な性教育を学んで、自分が生まれてきたことが分かりましたが、両親が不仲だったのであまり実感がわかず、あえて自分の誕生についてたずねることもしませんでした。……

子どもによって、同じ「性の事実」であっても、その意味合いはずいぶん違う。当たり前のことですが、しかし何度でも、多様であるという事実を、確認し直す必要があるように思います。

気まずさ

ところで、こうした質問を親にぶつけて「気まずい」思いをしたという経験も、しばしば報告されます。

……私は大人に「死んだらどうなるの」と質問した覚えはないが、「子どもはどうやってできるの」と聞いたことがあるのは覚えている。そのとき母は「知らない」と言って逃げてしまった。その気まずそうな様子から、私は性に関する質問が家の中ではタブーであることを感じ取ったような気がする。性に関しては「自然に知る」というのは完全に大人の「幻想」だと思う。

しかし、こうした場合、親はどう返答すればよいのでしょうか。「もっと大きくなったらわかるよ」とか、「まだ知らなくていい」とか、親の側の苦労が思いやられます。おそらく、死の問いと同様、大人の側にも心の準備が必要なのだと思われますが、この質問を親にぶつけて、その場で丁寧に答えてもらったという報告には、まだお目にかかったことがありません。

その代わり、親の側が準備を整えて「説明してくれた」という報告は、時々見かけます。そして、その時は、今度は子どもの側が戸惑ってしまうようです。

……小五のとき、姉と一緒に両親から性教育を受けた。しかしそのときのことは、コンドームを見せられたことしか覚えていない。多分恥ずかしくて真剣に聞いていられなかったのだと思う。でも、それがなかったら、エロ本などの歪められた情報で、間違った知識を身につけていたのだと思う。……

また、別の学生は、母親からこうした話を聞いたとき、その話の内容より、「……これは笑ったりふざけたりして口にするようなことじゃないのよ」という母親の真剣な顔に驚いたといいます。「その当時その理由もわからなかったが、それを問う気にすらなれないほど、その言葉の雰囲気に圧倒された」というのです。

とはいえ、こうした報告は少数であって、多くの親は、話題にするどころか、ともかく隠してしまうようです。そして、そのときの親の困惑を、子どもたちは（学生たちは）よく覚えています。たとえば、一緒にテレビを見ているとき、ラブシーンになると「即座にチャンネルを変えてしまう」父親についての報告など、実に多くみられます。そして、これまた親の側に同情したくなるのですが、学生たちの報告を見る限り、こうした場合、子どもの方がよほど「冷静な観察者」です。親は完全に見抜かれてしまっているのです。

もっとも、中にはこんな報告もありました。「……親とTVを見ていてベッドシーンが出てきても、両親は特に何も言わず、私自身は、これはお酒やタバコみたいに大人だけがやる娯楽なんだ、となんとなく思っていました。……」

一体、どういう親は（どういうタイプの人は）「チャンネルを切り替え」、どういう親は、そうした場面も子どもと一緒に見てしまえるのでしょうか。その違いは何に由来するのか、子どもの頃の「育てられ方」なのでしょうか。それとも、こうした対応の違いなど「たまたま」のことであって、その人の人生と結び付けて考えるなど大袈裟すぎる、あるいは、むしろ、そのこと自体が、ある種の偏見なのでしょうか。

教えることか

ところで、私たちは、誰かから「教えられる」ことがない限り、性の事実を知らないのでしょうか。「……性は、教えてもらうまで、決して知るということはないのではないか。どこかで知識として知ることがないと、どうして子どもができるのか分からない。……」

はたして、ある学生は、そうした話をする機会がまるでなかったから、「中学になるまで、子どもは結婚した夫婦が区役所かどこかで登録し、順番になったらもらってくるものだと思っていた」と書いてきました。今の時代、そうした学生がそれほど多いとは思われませんが、では一体、学校という場は、そのためにいかなる任務を担っているのでしょうか。

……その子が知りたいと欲する以前に語ってしまうことは、子どもの世界を本当にぶち壊してしまう気がします。……知りたがったときは、教えてあげればよいのかもしれません。しかしそれ以外のときには、性は秘め事という感情を、語る側が持っていて、恥じらいや戸惑いを持ちながら語ることで、性は秘め事という感覚を間接的に子どもに伝えてゆく、それは現代社会においては大切なことのように思えます。……

「学校における性教育」の問題は、切実な、しかし息の長い対応を必要とする課題でしょうが、教室でこの話題が取り上げられるとき、子どもの側もかなりの戸惑いを感じていることは確かのようです。仮にふざけているように見えたとしても、その内側には「ある種の緊張」があります。そのとき、教師がそうした戸惑いや緊張にどれだけ寄り添うことができるか、あるいは、自分が子どもだったときの戸惑いをどれだけ保っていられるか、その辺りがひとつの鍵であるのかもしれません。

なお、中学校の時などに体験された、女の子だけ集めた特別授業のことも、よく報告されます。「特別な」状況を作っておいて、「自然な」雰囲気で語ろうとする教師のギコチナサを、子どもたちはかなり冷静に観察しているようです。

……思春期の子どもは、性について知りたいと思うのと同時に、知りたくないと感じている一面があるのではないか。……

自分の経験に照らしながら、そう書いた学生もいました。この領域の話は、極めてアンビバレントに体験されるようです。聞きたいけれども聞きたくない。隠されるのは嫌だが品のない明け透けも嫌だ。そうした意味で、先の「秘め事」も、一方的に隠すという意味ではなく、ある種の配慮を持っているとか、恥じらいを含んだやり取りであるとか、つまり、すべてを白日の下に曝すのではないという、微妙な関係性を望んだ言葉として理解したいと思います。

さらには、心の中で「性と恋」が十分に結びつかないうちに、「性と生殖」が性急に結び付けられてしまうときの困難を、報告してくれた学生もいます。

……結婚して子どもを作って家庭を持つのはよいこと、しかし、異性と接するのは悪いことという考えがあり、自分が大人になるという実感がまったく持てなかったということがあった。……

とりわけ、性教育がひたすら避妊を強調するとき、ある種の子どもたちにとっては、避けるべきものという側面のみが、過剰に伝わってしまうように思います。その意味では、むしろ、性教育を「共生の技法」のひとつとして考えたいと思います。

たとえば、女性と男性の相互のやりとり（パートナーシップ）を学ぶ場。あるいは、異性に対するケアを学ぶ機会。そのひとつの場面として、避妊の仕組みが学ばれる、そう考えたいと思います。

最後に、少し「特殊」と思われる報告を二つ紹介して終わります。

……四歳の時に、ちょうど弟が生まれました。コウノトリやかぼちゃのことは気にならず、ただ母親のお腹の中から出てくるものだと思っていました。ただ、弟は帝王切開だったので、出産は、すべてお腹を切り開いて出てくるものだと思い、その道具は包丁だと聞いたこともあって、出産は非常に痛そうで、恐ろしい行為だと子どもながらに思いました。……

こうした恐怖と、たとえば「生殖に対する嫌悪感」とは、なんらか関連があるのでしょうか。あるいは、そうした恐怖は多くの子どもに共有されるものでしょうか、もしくは、そうした恐怖に対して、「科学的な」知識は、いかなる意味を持つのでしょうか。

なお、あるクラスで、この報告をしたところ、二人の学生が、自分も帝王切開で生まれてきたと報告してくれました。二人とも、子どもの頃、お母さんとお風呂に入っていたとき、お母さんのお腹にある「長い傷あと」を見つけ、自分が生まれたときの話を、何度もしてもらったようです。一人の学生は、その中で「性の仕組み」を教えてもらうことができ、とてもありがたかったと言います。

いずれにせよ、こうした話が、親と子のつながりの接点であることは確かです。そうした親子関係と「性」の関連こそ、精神分析学の探求が積み重ねてきたことですから、「性教育」の視点から、あらためてその遺産に学び直す必要があるように思います。

そして、もうひとつ、「中絶」の問題に言及した学生は、死と性とを重ねてこんなことを書いてきました。

……身近な死の経験がない人が多い今、「自分の子の死」が、一番最初の身近な死となることが多くなるかもしれないということに深い悲しみを感じます。……

「中絶」という、この一点において、死と性が、直接に重なり合ってしまいます。「いのち」の両極が、この一点において重なる、悲しい場面です。そうした悲しみから眼をそらしたくない、あるいは、そうした悲しみの次元まで含めて「性」を捉える視野を持ちたいと思います。

しかし、だからといって、そこだけに留まりたくはありません。「真面目」にこわ張ってしまいたくないのです。どこかに笑いがあり、秘密がある。本来「エッチ」であって当然です。そうした多層的な意味での「性を語る」ことの前で、しばらく立ち止まってみたいと思うのです。

ともかく、このテーマについては、手をつけ始めたばかり、すべてが今後の課題です。もうしばらく学生たちの声を集めながら、対話を続けてゆきたいと思いますが、今の時点で、課題と思われる点など、少しだけ書き残しておきたいと思います。

第一に、女性と男性の語り方の違いです。今回はその区別を明確にしませんでしたが、この点を丁寧に見てゆく必要があります。

第二に、男女の違いよりも、おそらく家庭の文化的状況による違いの方が、大きな影響を与えているように思われます。その場合、社会階層や地域による違いが、どのように影響を与えているのか、たとえば「秘め事」などという言葉が登場するのはごく限られた社会階層の話であるのか、更には、（とても嫌な言い方ですが）いわゆる偏差値の違いと、どういう関係にあるのか、様々な問題が考えられます。

第三に、「恋愛」「結婚」「性」という三項関係です。この三項の一致を理想とする社会の中で抑圧され排除されてしまった人々（関係性）に、どれだけ目を留めることができるか。たとえば、「同性愛」ひとつ考えても、性教育の中で最大限考慮したいと思いつつ、では「異性愛」と「同性愛」をまったく対等に扱うことができるかどうか。そうした問題を引き受けながら、「恋愛」「結婚」「性」という三項の関係をあらためて問い直してゆきたいと思います。

第四に、性教育を、「異性に対するケアを学ぶ場」と理解する、いわば、対人関係レッスンのひとつと理解するという点です。むろん、女性と男性の関係だけでなく、親と子の関係の接点でもあり、さらには、自分という存在の出発点として、存在の不思議に眼を向ける機会でもあるのでしょうが、やはり、女性と男性のパートナーシップを学ぶことに焦点を合わせながら、もうしばらく考え続けてゆきたいと思います。

4　生命《いのち》の教育・教育の生命《いのち》——大田堯と「生命《いのち》」の視点

1　生きものが熟してゆく時間——小さな原風景

大田は、その文章に、しばしば小さなエピソードを忍ばせている。

その多くは、自分に驚きをもたらした出来事。しかも、その二〇冊を越える著作を読み進んでゆくと、同じ話が何度も出てくる。

単なる繰り返しと読むこともできるのだろうが、実は、それはこの人にとって、そのつど立ち返る原点ということではないか。理論の言葉で説明される以前の、その場の情念がまとわりついた原風景。

例えば、そのひとつに「温泉で孵化して冷房で鳴かせる」という話がある。

一九六〇年代半ば、新聞の社会面にこの見出しを見た時、この人は「大げさに言えば戦慄をおぼえた」という。

何のことはない、マツムシの「促成栽培」の話である。暖かい温泉で卵をかえし、冷房の中に置いておけば、夏のうちに鳴かせることができる。夏の温泉地の、客寄せになったのだろう。

しかし、大田はその話の中に「その頃からあらわになってきたひとつの社会的動向」を見る。それは、売ることを最優先とした産業の論理。人間の勝手な論理。生命の自然な成長を無視した、効率優先の論理。

しかも、そうした論理が、その頃から人間にまで応用されようとしていた。能力主義による「役立つ人材」の早期育成。いわゆる「人づくり」政策。「マッ虫ばりの人間飼育」。大田は、そうした動向に対して、ほとんど生理的とでもいうべき危機感を持つ。

生命は、ゆっくり、時間をかけて熟してゆく。自然はすべて、手堅く順を踏んで実ってゆく。そうした「時の流れ」を、人間の勝手な都合で急がせることに対する違和感。

「生きものが熟していく時間」は、「神の摂理、自然の摂理」であるとも言う。それを「人為によって勝手にいじりまわすこと」に対して「ひどく抵抗を感じる」。そんなことをしていたら、いずれ生態系に大きな破たんが来る。いや、もはや既に、来ている。そうした危機意識がこの人の根底を流れ続けている。

そして、そこから話は「問いと答のあいだに間をおく」大切さにつながり、「最大の能率・最小の個性」に対する批判という形に広がってゆく（一九七三年、五二頁、一九八三年、一五七頁、一九八八年、五八頁。大田からの引用は、以下すべて、発行年と頁数で略記する。引用文献リストを参照)。

大田は、実に多くの文章を残しており、しかも、話が多方面に渡っている。あたかも、現実の教育現場から突きつけられた問題ならば、すべて受けて立つと言わんばかりに、あらゆる問題について執拗に問いつめている。

そして、混乱した事態の焦点を明らかにし、問いの形で自らの前に定式化する。何が問題の本質なのか。何をこそ問うべきなのか。その著作・論文のタイトルからして、そのものずばり問いの形で、問題の焦点をえぐり出したものが多いのである。例えば、「近代の教育価値をどううけとめるか」「学力とは何か」「人間が発達するとはどういうことか」「教育はだれのものか」「なぜ学校へ行くのか[1]」。

そうした問いに正面からぶつかり、可能な限り答えてみようとする。それが、この人の文章なのである。

そのためか、理論的な整理が十分でないと批判されたりもする。話の網の目が大きい、用語の統一がない。批判はさまざま可能である。

しかし、見ようによっては、そうした話を整理してゆけば、全体との関連を見失うことなく問題の所在を確認できる、絶好の素材ということにもなる。

今回、教育人間学の観点から注目したいのは、「種の持続としての教育」という捉え方である。それは何を私たちに提示するのか。「子育てをめぐる破局的困難」と語られる事態と、どう結びついているのか。

ところが大田の場合、でき上がった思想だけを切り取ってみても、ものの見方の本質に届かない。むしろ、この人自身「でき上がった思想だけを切り取った」研究に対して距離を取り続けていた。そうであれば、やはり一度、この人の仕事の足跡に戻って、そこからたどり直すしかない。その仕事の中から、いかにして「種の持続としての教育」という認識が生じてきたのか。

2　教育研究のスタイル——戦後日本の歴史の中で

その仕事の所々で、大田は、自分の研究方法について語っている。当然、それは自らの歩みを振り返った文章に多いのだが、例えば、そのひとつに、こんなことを語っている箇所がある。

人々は、あの人の教育学はどういう著名な学者の系統に属するものかなどということを、いまでもなお重視する傾向がないわけではありません。私も、マルクスだとか、デューイだとか、柳田だとか、じつにいろいろの人の本を読み、影響も受けたのですが、……（略）、……むしろ、私自身の現実との格闘、仲間たちと一緒に直面するさまざまの状況ととりくむことにひとつの生きがいを発見して努力してきたということ、そういう現実との格闘のなかから、学んでいったという要素が、学問のいちばん中心にあったのではなかったかと思うのであります。（一九九三年、b—一五一頁）

文献や理論からではない。現実との格闘の中から、しかも仲間たちとの議論の中で作り上げてきた。それが自分のスタイルであったというのである。

当然、その仲間たちの中心が「教育科学研究会」であったことは言うまでもない。そうした研究運動の歴史の中で、自分の研究は鍛えられてきたのであって、学問上のどの系統に属するかは重要ではない。そうした「学問研究」からの距離のとり方が、この人の文章には一貫して見られるのである。

しかし、それは裏から言えば、そうしたことを繰り返し確認しなければならないほど、身近かに、確固としたアカデミズムがあったということだろう。あるいは、そうしたアカデミズムからの批判を強く意識していた。もしくは、それと対決する仕方で、自らの方法を確認していたということである。

学生時代はデューイ、とりわけ、大恐慌直後にデューイが構想した、社会再建と結びついたコミュニティにおける民衆自身の作る学校、資本主義批判を含むようなコミュニティ・スクールに強い関心を持っていたという。

戦後、故郷広島にもどり「地域住民の自治による学校の再建」を目指して「本郷計画」にかかわる。後年、戦後直後の「どさくさまぎれの中の教育計画」と語りはするものの、地域住民の実態調査を行い、そこから地域の課題と文化財と子どもの発達の交わるところで社会科の単元構成を練り上げるという、実践的な試みであった。

三一歳で東京大学の助教授になる。「社会基底研究会」を作り、社会をその「基底（ファウンデイション）」から捉える試みを始める。「社会科学でもって教育学を補強する、ないしは社会科学としての教育学というものがあり得るのではないか」。そうした意気ごみであり、「この点は、戦前の教育学においては非常に欠けた部分でありました」（一九八三年、六六頁）と強調している。

またこの時期、広範囲にわたって社会調査を行っている。愛媛県の九島、和歌山県の三尾村、山形県の豊田村、群馬県の島村、岐阜県の中津川など、社会学・経済学など他領域の研究者と共に、社会の基底を探るべく調査に歩いている。

ところが、そうした試みを続ける中で、疑問が生じる。社会科学的なアプローチだけでは教育の問題を捉えることができない。少なくとも、教育実践の現場から突きつけられる問いに、それに依拠するだけでは答えることができない。

それは、やはり同じ頃、再び活発になってきた「生活綴方」による衝撃でもあった。

どんなに厳密な調査項目ができ、どんなにその統計的処理が科学的でありましても、じつはその結果というのは案外他愛ないものだということを、生活綴方などを読んでいるとつくづく教えられるわけです。つまり、いままで調査対象であったその主体の本音に生活綴方をとおして触れることによって、これまで大げさにやってきたその〈科学的〉と見られるような手続きが、いかにも頼りない……といっては悪いけれども、(以下略)。(一九八三年、一〇三頁)

むろん、社会調査や統計的方法が無意味なのではない。しかし、調査という仕方では「調査対象である人々の本音」に届かない。少なくとも、自分がその前で「たじろぐ」経験はなかった。「ものいわぬ農民、労働者、その子どもたちが、自分の生活を散文ふうに、スタイルにこだわらないで語りはじめる」、そうした綴方に込められた、本音や怒りや悲しみこそ大切にすべきではないか。

学問・理論・文献だけでは、現実のなまの生活に届かない。生活の現場の声から出発しなければ、生きた仕事にはならない。そうした信念のようなものが、繰り返し語られるのである。

さらには、自分自身に対する反省・批判も、この人の仕事に一貫して見られる視点である。例えば、大学教師としての仕事についても、こんな経験を語っている。

「教えれば教えるほど、学べば学ぶほど、人びとをばらばらにするような学問・教育に、私自身がコミットしているのではないか」、そうした恐れに捕らわれ、「大学の職はやめませんでしたが」、自ら願い出て埼玉県のある村の青年学校の教師として、毎週火曜日の晩に、青年たちに話をしていた。「無料・只（ただ）」から「ロハ台」と名のつけられたその仲間たちと文集を作ったというから、いわば、生活綴方を身をもって実践していたことになる。

生活する人びとの本音が語られる場面から離れていないか、その立場からものを見ているかどうか。そうした自己吟味が繰り返されるのである。

また、一貫して岐阜県恵那の教師たちともつき合い続けている。「困ったら恵那に入りました。考えている問題を確かめに行きました」（一九九三年、一五三頁）。そう語るほど重要な意味を持ち続け、一九六三年当地で起こった「教育正常化問題」には深く関わり、現実の教育問題の所在を身をもって確認したと、多くの文章を書き残している。

同様に、家永教科書裁判にも一貫してかかわり続け、法定証言意見書（「子どもの教育を受ける権利と教育内容への国の関与の限界について」一九八八年）をはじめ、数多くの論稿を発表している（『私と家永教科書裁判　教育への権利を問いつづけて』所収）。

つまりこの人は、現実の教育現場からの問いかけに対してわが身を曝すことを、自分に課し続けてきた。書斎に閉じこもって問題の本質を見極めるのではなく、現実から突きつけられる厳しい問いに身をもって対応するという仕方で、問題の本質を掘り下げてゆく。

だから、借り物の言葉に対しては、厳しい目を持っていた。例えば、教育の習俗について語った重要な論文「教育の習俗と教育学研究」(一九七三、一九八七年所収)の一文。

わが国の教育学は、こうした人間形成にかかわる基本的な問題点を、民衆の子育ての知恵の凝集としての〈しつけ〉から学ぶよりも、むしろ外国文献から、あるいは進んだ社会体制の国での学説をうけ入れるところから、観念的に受けとめていくという傾向に流れてきたのではないだろうか。そのために逆に民衆の中でつちかわれ、世界に対して貢献することも可能なすぐれた知恵を埋もれたままにしてきたということはないであろうか。(一九八七年、二六三頁)

外国の文献や学説を「観念的に」受け入れるのではない。大切なのは、民衆の中で培われた知恵である。そうした、足下にある生活の「基底」からこそ学ぶべきである。

つまり、現実から・生活から・民衆から。そして、その視点が、実際の教育問題における「上からの政策に対する下からの運動」という視点になり、「子どもの側から」という発想と重なってゆく。「子どもが主人公になる」「子どもの内面からの切実な問いが中心となる」、その文章に繰り返し見られるこうした表現は、すべて、現実の最も「基底から」という発想の展開と見てよいだろう。

しかし、諸理論から学ばなかったというわけではない。それどころか、この人ほど旺盛に、周辺諸科学と対話を続けた人は、この時期の教育研究者には少なかったのではあるまいか。

六〇年代には、人間諸科学の成果に「手あたりしだい」飛びついている。「オパーリンの生命の起源のようなものから、ポール・ショシャールの生物学的把握、人類学、文化人類学、人間発達を中心とする心理学、すこしおくれて、だが多くを学びえた民俗学など」（一九八三年、一六二頁）。とりわけ、六〇年代末からは、柳田民俗学に導かれる仕方で、人間の育児行動の伝統を求めて調査に入り、お年寄りの経験を綿密に聞き取っている。

しかし、それらも、諸科学の成果を統合するためではなかった。むしろ、現実の教育問題の本質を見極めるための手がかりであった。いわば、問題を全体として捉え、その根源をつきつめるために、あらゆる角度からの研究成果に助けを求めたということである。

こうして大田の仕事は、常に現実をその「基底」から捉えることで一貫していた。基底における生《な》まの声、その声の内側に入り込む仕方で、問題の本質を探ろうとしていたのである。

さて、あらまし以上のように、その仕事の足跡を整理してみると、その背景に、いくつかの二項対立が浮かび上がってくる。

例えば、観念からではなく現実から。書物からではなく生活の中から。支配者の側ではなく民衆の側。権力の側ではなく子どもの側。上からではなく下から。

いったい、大田にとって、その二項対立の原型（マトリックス）は何であったのか。

そのひとつ、旧制高校生のころ、教育学を志すようになった思い出として、こんなことが語られている。

その動機は、考えてみればしごく単純素朴であったと思うわけですが、〈教育によって野蛮な人間が少なくならない限り、世の中はよくならない〉、そういう程度の考えでもって、教育研究というもの

に関心をもち始めたということであります。(一九九三年、a—一二七頁)

そうした自分の考えを「野蛮を化する教育観」と規定しながら、「自分一人だけが野蛮の除外者であって、その除外者たる自分が多くの人間を教化するような思いあがった心」と振り返っている。そうした「教化」こそ、まさに「支配する側」の論理ではないか。その思いを初発に抱いた青年が、それと対決し、それを克服することを自らの課題として教育学と取り組んだとすれば、「支配される側」にこそ身を寄せることになって当然である。被抑圧者・民衆の側に立つ。それが、ものの見方の根底にあったことは間違いない。

更に、戦後長らく、教育現場が、政治的対決に巻き込まれるという時代状況が、この構図に重なってゆく。〈支配する側・権力・文部省・上からの政策〉に対する、〈支配される側・子ども・民衆・下からの抵抗〉。政治の時代にあって、そうした立場表明が、「敵」をはっきりさせ、研究と運動の方向を明確に指し示すことになったのも間違いないだろう。

実は、「種の持続としての教育」という発想もまた、大田の中では、そうした対立構図の中から生じている。「種の持続」と聞けば、生物学から借り受けたもののように思われるが、それは、その研究スタイルの延長上に、二項対立の片方に身を寄せる中で、必然的に要請されてきたものである。今日の子育てにおける困難の本質、最も基底において抑圧されているもの。その問いをつきつめていったあげく、それを「動物種としてのヒトの自然」に見据えたということである。

「種としての自然」が危機に瀕している。それは「生命」と言っても良い。生命が、今日の社会の基底において、抑圧されている。

つまり、大田における「生命」という視点は、その仕事を一貫してきた、民衆から・子どもから・下からという視点の延長上にある。現実の子育ての困難を、全体として捉え、その根源をより一層基底からえぐり出す仕事を続けた結果、「人類という種の自然」「種としての生命の持続」に至りついた。さしあたり、そう理解しておいてよいと思われる。(2)

3 種の持続としての教育——「選びながら発達する権利」と「習俗としての教育」

では、あらためて、種の持続としての教育とは、どういうことなのか。

〈教育という営みを、人類が種を持続させるための営みというところから捉えること〉、まずはそう理解してよいだろう。

しかし、それは単なる生物学的事実の指摘ではない。そうではなくて、まさに、そうした自明の根底が危機に瀕している、そのことを自覚するための仕掛けなのである。

聞き慣れた言葉「教育の危機」。それを、学校の問題としてではなく、家庭や人間社会の問題としてでもなく、まさに、人類という種の存続にかかわる危機というところから理解するのである。

では、何が危機なのか。重要な論文「選びながら発達することの権利について」(一九七〇、一九七三年所収)以来、この問題は言葉を換えながら論じられている。

まず、人類という生物種は、他の動物種と比べていかなる特徴を持つか。もしその特徴を、次の世代に伝えることができないとしたら、それは、人類という種の存続にかかわる危機ではないか。

その人類の特徴を、大田は「選びながら発達すること」に見定める。

それは、人類という種が、他の動物と比べて、本能に縛られない、可塑性に富むといった生物学の見解と重なっている。しかし、それが「選びながら発達する」と表現される。選ぶということ、それこそが、人類という種にとって最も重要な生物学的特徴だというのである[3]。

選ぶということには、しかし、間違う可能性が含まれている。間違いを避けようとすれば、決められた通りに従う方が良い。その意味で、本能に従うことは、間違いの少ない、最も効率の良い道である。それに対して、人類は、自ら選ぶ道と引き替えに、間違う可能性を背負い込んだ。間違ってもよいから、自分で選びながら発達する。

つまり、人類はその生物学的基底からして、間違い・行き止まり・回り道をするようにできている。それによって、選ぶ力を身につけてきた。この選ぶ力こそが、生物学的基底から見た「人間が人間であることの根拠」である[4]。

では、今日、私たち人間は、次の世代の選ぶ力を育てているか。むしろ、今日の社会は次の世代の選ぶ力をつぶしているのではないか。ということは、「人間が人間であることの根拠」を失いつつあるということではないか。

大田は、ここで、選ぶことができるのは、問いに対して答えを出すまでの「間」であるという。もし、子どもたちに課せられる学習が、間違うことなくただ素早く正解に到達することであるとしたら、それは、子どもたちから「問いと答えの間」を奪っていることになる。つまり、選ぶ時間を奪い去っている。

それは、人間が人間であることの根拠を、骨抜きにすることである。

あるいは大田は、今日の子どもたちが置かれた状況を、「与えられるものの過剰・自ら獲得するものの過小」と定式化する。欲しいものが、たやすく与えられてしまう。自分で選びながら獲得してゆく「間」がない。工夫しながら自分の手で獲得してゆく力を発揮する機会がない。

それは、人類という種の生物学的基底を、骨抜きにする事態ではないか。

さらに大田は、偏差値による振り分けという事態の内にも同じ問題を見る。若者たちは、自分の人生進路を自ら選び取るのではなく、学校の偏差値によって振り分けられてしまう。

〈どう生きるか〉の人間にとっての根本問題が、若者の心の中で十分に燃焼するいとまもないうちに、学校制度はほとんど機械的に、彼らの将来を方向づけてしまう。若者の人生選択に関わる権利侵害が行われている。（一九九三年、b—一八七頁）

ここで「権利侵害」という言葉には目を留める必要がある。若者が自らの人生を選択してゆくことを「権利」と言う。その権利が侵害されている。そう訴えるのである。

だから、選びながら発達する「権利」なのである。それは、単に生物学的特徴なのではなくて、むしろ、社会の中で守られなければならない権利である。

逆に言えば、今日の人間は人類としての生物学的特徴を、わざわざ「権利」として主張しなければ保持できないほどに、深刻な事態の中にいる。種の持続そのものが、危機に瀕しているというのである。

ところで、大田は、種の持続の危機として、子育てをめぐる習俗の解体についても繰り返し語っている。

習俗は、制度でもなければ、組織でもない。むしろ、子育てをめぐる人びとの知恵である。人類が種の持続のために蓄えてきた子育ての知恵、それが習俗の中に生きていた。

実際にその土地で暮らす者にとっては、最も身近な営みでありながら、外から来た観察者にとっては、最も捉えにくい知恵である。(5)

「人間という動物種が、その特性を持続させるために、長い時間にわたってなされてきたごく普通の人びとの努力の一端」(一九九三年、a―二九九頁)。その「普通の人びと」が「被抑圧者」と言い換えられて、「被抑圧者としての民衆の自衛組織としての古い集団の中で持続してきた人間を人間にするための重い習俗」(同、二五七頁)。それが受け継がれなくなっている。

そうした習俗をたどってゆくと、子育ては「地域ぐるみ」で行われていたことが明らかになる。子育ては、共同体の中で手厚く営まれてきた。近隣・血縁・地域共同体が見守る。それでも足りないところは、祖霊や自然神の加護まで求めながら、ていねいな社会的保護と相互依存の中で手厚く営まれてきた。あるいは、一人の子に「多くの親」が存在していた。例えば、「拾い親」「借り親」「引き出し親」。子どもを育てるのは、実の親だけではない。共同体全体の仕事であることを確認するための知恵であった。

ところが、そうした知恵が受け継がれない。例えば、子育てを、すべて学校という組織に委託してしまうことによって、共同体の中で習俗として生きてきた子育ての知恵の働く機会を奪ってしまう。あるいは、子育ては「親の責任」という言い方で、閉じた親子関係の中にすべてを任せてしまう。むろん、それは歴史的に、天皇制国家の中で子どもが「天皇の赤子」とされ、国家のものとされたことに対する批判から生じたことではあった。しかし、それが親の側の「わが子」意識を強める結果につながっている。

大田は、「わが子」意識を離れる必要があるのではないかという。習俗の中で人々は子どもを「共同体の子」として育ててきた。親が、自分の身勝手な望みをわが子に託することはしなかった。もしくは、そうした親のエゴイズムを未然に止める知恵を、習俗の中に持っていた。

今日のように、親がわが子を私物化し、わが子だけを育てるという形は、人類が長い時間をかけて蓄えてきた知恵から見ると、不自然ではないかというのである。

その上で、大田が語るのは「人類の子どもという考え方」である。狭く閉じられた共同体ではなく、種としての子どもを育てるという意識。人類という種の持続に参加しているという意識である。そして、それは、古来からの言い回し「子は天からの授かりもの」という発想とも重なっている[6]（一九八六年、一九三頁、一九九〇年、一七九頁）。

しかし、そうした知恵が根底から骨抜きにされている。そうした破局的事態の中に、私たちは置かれているというのである。

では、そうした習俗の知恵が解体した後に、いかなる精神的土壌がはびこっているのか[7]。

この点についても大田は、様々なことを語る。しかし、最も危惧しているのは「産業社会の論理」、商品を中心とした消費生活、大衆文化。その典型的な姿としての高度経済成長である。

それは、生命の自然な成長を無視した、経済効率を何より優先させる産業の論理であり、まさに「温泉で孵化して冷房で鳴かせる」、その精神的・文化的土壌である。

生き物が成熟してゆく時間すら、人の手を加え急がせる。自然の摂理をねじ曲げてまで、経済効率を優先させる。その論理が、子育てという営みすら、飲み込んでしまっているというのである。

それは、生態系を破綻させてしまうだけでなく、人類が長い時間をかけて蓄えた種の持続のための知恵を、根底から骨抜きにしてしまう危機である。そうした危機意識が「種の持続としての教育」という言葉には込められている。

しかし、大田は、ここで絶望してしまわない。絶望的な事態を前にして、むしろ、そうであればこそ、「深いところからの〈世直し〉」の可能性があるのではないかという。「現存の文明の体質を変えてゆくことを目指す」「新しい文明の選択に達する可能性を含んだ時」。

しかし、なぜそう言えるのか。それは、この人が、生物種としての人間の「自然」を信頼しているからである。種の存続が危機に瀕した時、種の自然が自衛のために立ち上がる。子育てが引き金になって、転換の突破口が切り開かれる。そういう信頼がある。

種の持続のための子育ての必要から現在の生活体制をかえることが求められ、それによって種そのものの進化がなしとげられることの可能性……子育ての必要をテコとする〈世直し〉、社会の組み直しの必要が生じてくる……。（一九九〇年、二八頁）

「種の持続としての教育」という言葉には、そうした思いも託されていた。

4 地球・いのち・教育——思想の根底に潜むコスモロジー

こうして、大田の思想の根底に、一貫して「自然・生命」の視点が潜んでいたことは間違いない。そして、先に見たように、大田においては、こうした生命の視点もまた、二項対立構図の片方の側、〈下から〉の視点と重なって要請されている。大筋においては、そう理解してよい。そうなのだが、実は、大田は、そうした理解をまるで崩すような語り方をすることもあるから、話は込み入ってくる。(8)

二項対立とは、外なる「敵」と戦う構図である。例えば、権力と戦うという時、自分は、権力とは別の視点に立っている。

ところが、この人の文章には、そうした発想にはなじまない、なんらか別の筋が一貫して流れている。とりわけ、自然・地球・生命の話をたどると、それがはっきり見えてくる。例えば、『教育とは何か』の最後、見過ごしそうなところ。

私たちは……、地球上のあらゆる動植物、それを支える地球そのものに依存し、その巨大で複雑な連鎖の中の小さい生命にすぎません。(一九九〇年、二一〇頁)

地球という巨大な連鎖の中の小さな生命。しかも「地球共同体」という言葉すら援用しながら、「これからの子育て・教育は、この地球共同体に生きるものの共同の利益を最優先させるものであることが求められています」とも言う。

更に続けて、こんな言い方までしている。

……私の生命は私だけのもの、私物でないこともまた明らかです。……私という個を超えた大きな大きな宇宙的生命力のどこかにかかわりをもち、それに依存すると同時に参加していると言ってよいのではないでしょうか。……(同)

「私という個を超えた大きな大きな宇宙的生命力」。むろん、こうした「形而上学」について、大田は多くを語らない。しかし、その思想の根底にある「自然・生命への信頼」を背後で支えていたコスモロジーが、はっきりと姿を見せた場面である。

更に、こんなことも言う。

〈きみたちが何を思い、何を行おうとも、大きな生命から眺められている存在であり、同時にそれにかかわりを持っている存在だという厳粛な事実〉が、ヒトという種の持続の過程を一貫して流れているのだと思います。(同)

「大きな生命から眺められている存在」。人間をそう捉える視点があって、初めて「ヒトという種の持続」が可能になる。そう考えられていたことになる。

それは、もはや、二項対立構図の中で戦う姿勢とは異なる、おそらく、この人の個人的なコスモロジーに属することであるに違いない(9)。

大田は、形而上学的思想から出発したのでなく、ましてなんらかの信仰を基盤に発言してきたのではなかった。まさに、戦後日本の歴史の中で、社会の基底から、最も抑圧されている者の立場から、人間の子育てについて語り続けたのである(10)。

そうした人がこうした言葉を語る時、教育の問いは、もはや何らかの「コスモロジー・形而上学・ミュトス・信仰」を避けては語ることができない時代にあることを物語っているように思えてならない。

(1) 「近代教育・近代学校」に対する大田の立場は、アンビバレントである。決して、単なる近代教育賛美ではない。しかし、単に否定的に見ることに対しても警戒的である。否定的な側面を見据えた上で、どう組み替えてゆくかという問題の立て方である。

(2) 「生命」の視点から教育の問題を整理する仕事は急務である。その文脈において、大田の思想は、現実の教育問題の側から生命の視点にたどり着いた事例として、格好の手がかりとなる。生命の視点を現実的な社会科学の認識から切り離すのではなく、むしろ、生命の視点から社会正義の問題にせり上がってゆく課題に応えようとしている。

なお、私自身は「地球・いのち・教育」という枠組みについて、一貫して強いこだわりを持ちつつも、これまで十分な考察を深めてこなかった。その原因は、まさにこの「生命《いのち》」という言葉に対する私の中のアンビバレントにある。一方ではこの言葉に強く惹かれ、この言葉こそ私の原点、この言葉を共有する人たちと歩みを共にしたいと思っているところがある。ところが他方ではこの言葉に対する警戒感も消え去らない。この言葉はその豊かさと曖昧さのゆえに、すべてを包み込むことによって、他の小さな問題を塗りこめてしまう。いわばオールマイティの切り札であって、この言葉が語られるとき、すべての思考は停止し、その前には誰もが敬意を払わねばならなくなる。そうした言葉が不用意に乱用されるとき、内容空疎な見掛け倒しのことが多くなる。その意味では、「いのちの教育によって隠されてしまうこと」（大谷いづみ）という批判的視点に共感する。この「生命《いのち》」をめぐる言説は、共感的理解と批判的考察とをかみ合わせながら、一度、丁寧に整理される必要があるように思われる。なお、同様のアンビバレントは、私の中で「スピリチュアリティ」という言葉をめぐる問題群にも共通してみられ、その点に関しては、別の論文集を用意する。

（3）大田の生物学理解に対する批判としては、例えば、河田雅圭「心理学・教育学の生物学的基盤は大丈夫か？　社会生物学からの問題提起」（『現代思想』二〇一五、一九九二年）。

（4）大田は、人間であることの根拠として「ポエジー」も大切にする。最近は、R・カーソンの「センス・オブ・ワンダー」を援用しながら、自然のささやきに驚き、地球の営みに耳を傾ける感受性を、ポエジーの根っこに置いている（一九九三年、a—二〇二など）。

（5）大田の議論に「エトス」「ハビトゥス」といった言葉を当てはめると、問題の位相が整理されると思われるが、この点については、別の機会に譲らざるを得ない。

（6）「選びながら発達する権利」という発想においては、「自分で」選ぶこと・「個としての自我」が強調されている。それに対して、「わが子意識」を越えるとか、「子は天からの授かりもの」という発想においては、「自分の」という「個」の意識を越えることが語られている。「個」をめぐるこうした立場の違いについては、例えば「トランスパーソナル理論」との関連で、別の機会に論じ直したいが、大田における「個（自我意識・個の権利）」の位置については、かなりていねいな整理が必要であると思われる。

（7）現代日本の子育てをめぐる精神的土壌として、大田は、産業社会のエトス以外に、「教化」という「東洋的な支配者の思想」の伝統についても、また、「公教育」という制度の問題性についても、更には、それらの相互の関連についても、たびたび論じている（例えば、一九九三年など）。

（8）大田の文章を時系列に並べて、「生命」という言葉が強調され始める時期を確定するといった研究史的検索、並びに、それを時代精神の変化と関連させて論証するという課題についても、稿を改めるしかない。ただ、この点において『教育の探究』（一九七三年）「あとがき」が重要な位置にあることは間違いないだろう。

(9) こうした発想を、大きく「生命主義」と見た時に、それとエコロジーの思想や、東洋の伝統的な思想との関連も、課題として残される。

(10) 新しい著作『生命のきずな』は、若い世代に語りかけるスタイルを取りながら、生命の視点から、これまでの仕事を振り返ったものである。〈生命の視点〉と〈人権の視点〉という、本来異なる二つの視点を混在させる語りに、多少疑問がないこともないが、その二つの視点を区別し、その上で綿密に対話させてゆく仕事は、私たちに残される課題であるのだろう。なお、ごく最近、大田堯先生から初めて直接に話をうかがう機会を得た。そのインタビュー内容の全容については、『研究室紀要・第三〇号』(東京大学教育学研究科・教育学コース、二〇〇四年)を参照されたい。

引用文献

大田堯「近代の教育価値をどううけとめるか」(勝田守一と共著『岩波講座　現代教育学　4』)一九六一年。

大田堯『学力とは何か』国土社、一九六九年。

大田堯『教育の探究』東京大学出版会、一九七三年。

大田堯「人間が発達するとはどういうことか」(『岩波講座　子どもの発達と教育　3』)一九七九年。

大田堯『教育とは何かを問いつづけて』岩波新書、一九八三年。

大田堯『子は天からの授りもの』太郎次郎社、一九八六年。

大田堯『教育研究の課題と方法』岩波書店、一九八七年。

大田堯『教育はだれのものか』一ッ橋書房、一九八八年。

大田堯『教育とは何か』岩波新書、一九九〇年。

大田堯『子育て・社会・文化』岩波書店、一九九三年a。

大田堯『自分を生きる教育を求めて』一ッ橋書房、一九九三年b。

大田堯『私と家永教科書裁判　教育への権利を問いつづけて』一ッ橋書房、一九九四年。

大田堯『なぜ学校へ行くのか』岩波書店、一九九五年。

大田堯『生命のきずな』偕成社、一九九八年。

なお、文献目録として『大田堯　著作・論文・文章一覧』（一ッ橋書房、一九九九年）がある。

5 シュタイナー教育のアート——内側から動き出すとはどういうことか

1 フォルメンと型——フォルメンは「型に入る」ことか

「フォルメン線描（Formenzeichnen）」は、シュタイナー教育独自のアート（芸術・しかけ・わざ・技法）である[1]。一見、何の変哲もない、ただクレヨンで図形を描いているだけに見える。いったいそこで、何が体験されているのか。何を子どもたちに学ばせようとしているのか。

……直線や曲線や渦巻といった調和的な線を描くなかで、自然界の形の美しさを感じ取ること。文字の学習の基礎になり、幾何学や自然科学を学ぶ基礎にもなる。内なるものと外なるもののバランスをとる体験でもある[2]……。

そうした説明を聞くのだが、どうも腑に落ちない。とりわけ気になったのは、フォルメンという言葉の元をなす「フォルム」という名詞である。それは「形」であり「姿」であり「型」である。ならば、その動詞を考えてみれば、それは「形を作ること・姿を整えること・型に入れること・型に入ること」

ではないか。

しかし、「自由への教育」を掲げるシュタイナー教育のアートを、「型に入れる」などと理解してよいか。あるいは、むしろ、「フォルメンとは型に入れることである」と言った場合、いかなる批判を受けることになるのか。

問題は、つまるところ、二点に絞られると思われる。

ひとつは、型に入れるフォルメンが、なぜ、子どもの想像力を育てることになるのか。自由で独創的な想像力こそが、フォルメンの（そしてシュタイナー教育の）目標である。それを、型に入れるなど理解してしまったのでは、まるで逆ではないか。

もうひとつは、「型に入れる」などという理解では、フォルメンの本質に届かないという批判。フォルメンはシュタイナーの思想体系（人智学《アントロポゾフィ》）のなかでこそ理解されるべきである。現象だけ捉えてもその本質が見えない。そうした〈フォルメンを問う視点〉をめぐる批判である。

そうした批判にどう応えることができるか。つまり「人智学の外側から」フォルメンの意味を解き明かそうとする試み、あるいは、フォルメンが想像力を育むとはどういうことなのかという問いに、「観察者の視点から」答えてみようという試みである。（この場合の「外側から・観察者の視点から」とは、〈人智学の理論を前提にせず・人智学の専門用語に頼ることなく・人智学に関心のない人にも通じる言葉によって〉と理解されてよい。いずれ第4節で検討することになる。）

ともあれ、人智学の用語を使うことなく、「子どもの想像力を育む」という共通テーマの下に「フォルメンというアート」を紹介すること。それが本章の課題である。

2　ぬらし絵というアート――フォルメンに入る前に

さて、フォルメンに入る前に、少し寄り道をする。「ぬらし絵」（あるいは「にじみ絵」）と呼ばれるアートである。(3) フォルメンをめぐって展開されることになる議論の要点が、この簡単な「ぬらし絵」のなかに、明快な形で現れているからである。

「ぬらし絵」は、シュタイナー教育では、幼児から五年生くらいまでの間、しばしば行われる。何のことはない、たっぷり水を含ませた紙に、水で薄めた透明な水彩を「置いてゆく（ぬる）」だけの作業である。絵具は、黄・青・赤の三色しか使わない。ただ紙を濡らして使うところが「しかけ」である。

まずひとつの色、例えば、濃い赤（紅色）の絵具で、線を描いてみる。線を描いたつもりでも、用紙が濡れているから、滲《にじ》んでしまう。輪郭がぼやけ、書き手の意図とは関係なしに、じわりじわり、両幅に広がってゆく。

それと共に、濃い原色の赤が徐々に薄れ、紅色だったものが朱鷺色になり、薄色（紅花色）になり、桜色になり、濃淡の段階的変化（グラデーション）を見せながら、時と共に変化してゆく。最も薄い桜色と地の白との境は、ほとんど見えない。あるいは、すべてが、少しずつ、流れのなかで動いてゆく。

そうした赤色の線を描いた後に、今度は黄色を重ねる。はじめ、赤の世界から離れたところに黄色をおく。しかし徐々に滲んでゆき、ついに黄色が赤の世界と混じってゆく。

この混じり合う瞬間。互いに侵略し合うようにも見える。そのくせ、互いに滑り込むように自分を明け渡し、溶け合ってゆくようにも見える。

そうしたプロセスが生じている間、一刻たりとも同じ色であることはない。刻々と色の世界が変化する。赤と黄が混じり合うことによって生じるありとあらゆるグラデーションが、夕焼け空の変化のように、展開してゆく。

そして、白い画用紙が、すべて赤と黄色の溶け合った世界になる。しかし、まだ動きは止まらない。水を含んだままの画用紙の上では「侵略し合い・互いに溶け合う」プロセスが進行し、場合によっては、最初に描かれた線など、すべてその流れのなかに隠れてしまう。

もはや、純粋な赤もなければ、純粋な黄色もない。ただ濃淡の段階的な変化だけがあり、行き着くところまでいって（液体的な変化のエントロピーが増大し切ったところで）動きが止まる。もっとも私は、この乾いてゆくプロセスのすべてを観察したことはない。およそ数時間、乾かしておくと、バリバリに乾燥した「完成品」が出来上がる。

「完成品」は、一面が淡いぼかしの世界、どこか草木染めにも似た色である。問題は、そうした「完成品」を見て、その絵の背後に、ここまで見てきたような変化のプロセスを「感じ取る」ことができるかどうか。動きの終着としての乾燥した完成品の背後に、色が刻々と変化する流れのプロセスを「思い描く」ことができるかどうかである。

ここではまだ、そうした（次節で「子どもの内側にフォルムを生じさせる」という表現の下に詳しく検討することになる）「感じ取る・思い描く」の具体的な中味は問題ではない。ただ、ぬらし絵とは何かと問うて、〈その完成した（乾燥した）絵だけを見る〉のと、〈一度ぬらし絵を描いてゆく（絵が出来上がってゆく〉プロセスを体験した後に、その完成品を見る〉のとでは、同じ「ぬらし絵」といっても、その理解がまるで違うという、その違いが確認されれば、十分である。

〈結果としての完成した絵〉がぬらし絵なのではない。〈その絵が出来上がってゆくプロセス〉こそが、ぬらし絵を「ぬらし絵」たらしめている。

フォルメンも同じである。〈出来上がった図形（フォルム）〉がフォルメンなのではなく、〈フォルムが出来上がってゆくプロセス〉こそが、フォルメンを「フォルメン」たらしめている。それが「フォルメン」というアートに託された事の要点である。

もっとも、そうした対比自体に、目新しさはない。例えば、「エネルゲイア」という言葉を思い出し、「言語はエルゴン（作品）ではなくエネルゲイア（活動性）である」といった周知の命題（W・フンボルト）を思い起こしてみても、あるいは、それに、日本語の「もの」と「こと」を重ねてみても、〈結果としての硬直した完成品・エルゴン・「もの」の世界〉から、〈活動し生産しつつあるプロセス・エネルゲイア・「こと」の世界〉を切り離し、あるいは、その上で後者を際立たせようとする議論は、すでに数多くある。

ただシュタイナー教育は、子どもたちに、そうした議論を教えることなく、その区別を「体験」させてしまうのである。

〈結果としての完成した（乾燥した）絵〉は、ぬらし絵という営み（アート）の結果に過ぎない。〈流れのなかで刻々と色が変化してゆくプロセス〉から見れば、出来上がった完成品は、流れが止まった姿、生き生きとしたプロセスの最終段階である。

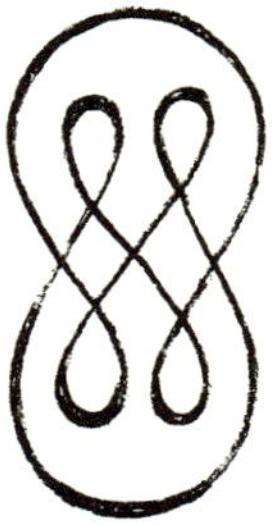

図1[4]

そうした結果だけを見て、ぬらし絵を理解したつもりになるのは、愚かである。だからこそ、シュタイナー教育は、そうした〈結果としての完成品〉を教えるよりも、たっぷり時間をかけて、子どもたちにぬらし絵を体験させる。刻々と色が変化してゆく不思議を、存分に、まず楽しませてしまう。

つまり、シュタイナー教育は、子どもたちに、〈結果としての硬直した完成品〉だけ切り離して与えることを、警戒しているということである。とりわけ、〈出来上がってゆくプロセス〉を体験する前に、〈完成品〉だけ先に見て「分かったつもり」になる危険に対しては、きわめて警戒的なのである。

そして、たとえ、その〈結果〉としての知識量が少なくなったとしても、その〈結果が出来上がってゆくまでのプロセス〉を体験することに時間を使う。正確には、〈知識が出来上がってゆくまでのプロセス〉を伴って、〈結果としての知識〉を身につけさせようとするのである。[5]

3　フォルメンというアート——「子どもの内側にフォルムを生じさせる」

さて「フォルメン線描」は、シュタイナー学校（ヴァルドルフ学校）における独立したひとつの教科である。[6] 一年生から五年生までの子どもたちは必ず体験する。[7] 年に二、三回、集中してやることもあれば、年間通じて少しずつ進むこともある。

ごく表面だけ見れば、それは、クレヨンで様々な図形（フォルム）を描く練習である。しかし美術で

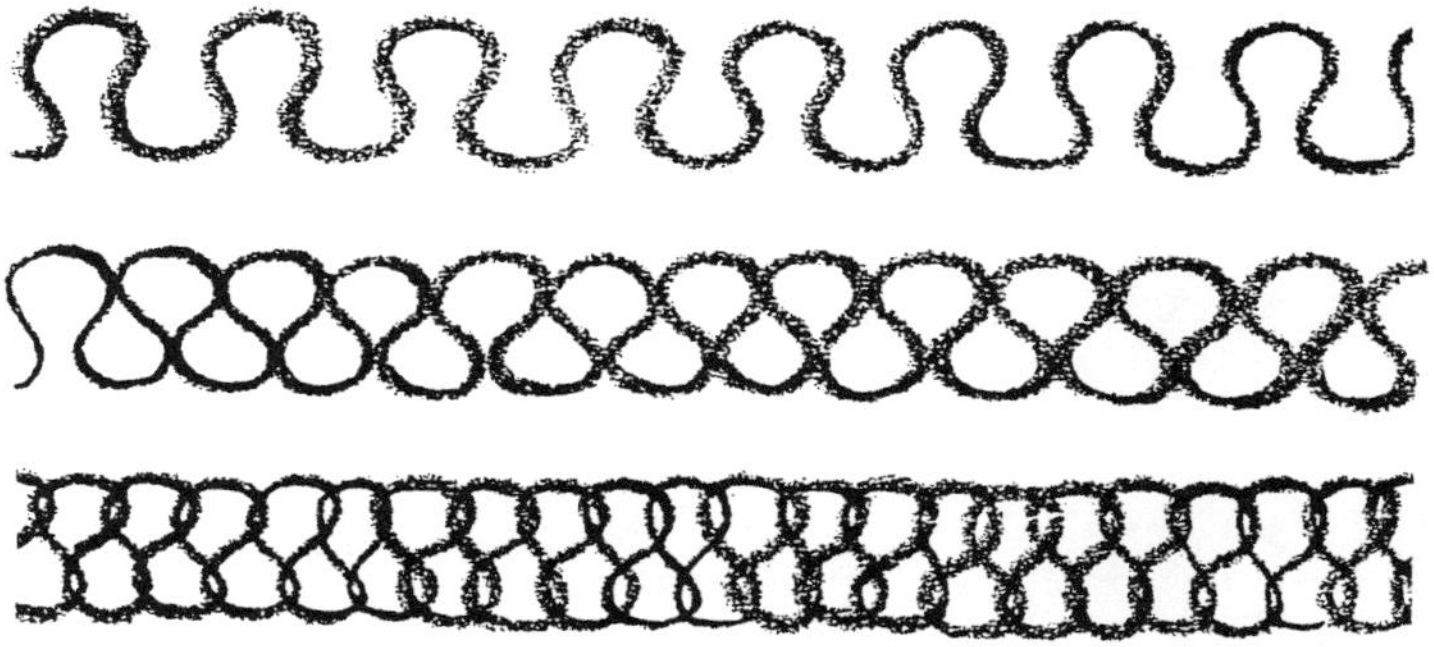

図2　ダイナミック線描[8]

はない。算数や社会と並ぶひとつの教科であるが、ひとつの区切られた領域というより、むしろ「ものの見方」に直接、関わっている。

例えば、自然界の物は、すべて独自のフォルムを持っている。雪の結晶、蜜蜂の巣の六角形、かたつむりの殻の螺旋模様、夜空の惑星の描く曲線……。そうしたフォルムを、〈完成品として模写する〉のではなく、〈それらのフォルムが出来上がってゆく動きを自ら体験する〉という仕方で、学ぶ。

そうした彼らが高学年になり、例えば、幾何学に出会う時、その幾何学図形を、それが出来上がってきたプロセスを通して観るようになる。あるいは、異なる文化の造形物（フォルム）に出会う時、彼らは、外界から来る視覚刺激として見るだけではなく、同時に、そうした形（フォルム）が出来上がってくるプロセスを通して、内側から観る（体験する）。

流れの終着点としての硬直した完成品ではない。「まさに自然がその独自の形を作り上げてゆく生き生きとした流れ」を、身をもって体験する。そうした意味において、「ものの見方」に直接、関わっている。世界を〈流れとして〉学ぶ教科。世界を生成と変容〈メタモルフォーゼ〉の相の下において観る、認識の根幹に関わる教科なのである。[9]

さて、クレヨンで線を描くといった。しかし、子どもたちは、いきなり紙の上に描き始めるわけではない。[10]

まず先生から、今日描く図形（フォルム）の話を聞く。その時、先生は黒板に書いたりしない（視覚情報として完成品を与えたりしない）。子どもたちは、先生の指が空中に描くフォルムを、必死に見ている。そして今度は子どもたちが、そのフォルムを体を使って動く。例えば、その形にそって歩いてみる。身体表現として、そのフォルムを空間のなかで体験する。

さらに今度は、そのフォルムを空中に手で描く。しかもその際、子どもたちには、眼でその手の動きを追うことが求められる。上か下か、丸みか角張りか、子どもたちの眼は、自分の指が作り出したシュプールの後を追いかけてゆく。

そして紙が配られ、いよいよ描くかと思うと、今度は、紙の上で、そのフォルムをもう一度なぞる課題が待っている。クレヨンを持ちながら、しかし紙に描いてしまわずに、紙の上を、紙の大きさの枠内で、これから自分が実際に描いてゆくその先を見通すように、慎重になぞってゆく。

そして、ようやく紙に実際に描く。ゆっくりと、慎重に、細心の注意を払いながら、丁寧に描く。急がない。急がぬように、ゆっくりとゆっくりと、丁寧に描くことが求められる。急いでしまっては、フォルメンの本当のねらいを、素通りしてしまうからである。

その光景は、どことなく、書道に似ている。あるいは、茶の湯の御手前にも近い。指の先まで細心の注意を払いながら、丁寧に、作法にそって動いているように見える。[11]

しかし、なぜ、それほどゆっくりさせるのか。あるいは（ある学生が書いてきたように）、なぜ、それほど「じらす」のか。なぜ、「まじないのような」ことを行うのか。

それは「ぬらし絵」と同じこと。フォルメンもまた、描くという課題が生じてから実際に紙に描くまでの、プロセスが重要なのである。紙の上に完成品が出来上がるまでの途中の過程のなかに、フォルメンの本当の「ねらい」が潜んでいる。

ならば、いっそのこと、実際に紙に描かなくても良いではないか。その通りである。しかし、そうなった時、それはもはや教育の課題ではなく、別の課題になる。〈紙に描くという着地点を設けずに、このプロセスだけを内側から作り出してゆくこと〉は「メディテイション」の課題ではあっても、子どもたちには適さない[12]。

具体的な物や色や形のなかで生きている小学生（シュタイナー教育で言う「第二・七年期」の子どもたち）を、具体的な着地点から切り離すことは、シュタイナー教育では、決してしない。あくまで、クレヨンで紙の上に、目に見える仕方でフォルムを描くことが、（着地点としての）課題である。

しかし、着地が目的ではない。素早く仕上げて着地したのでは、大切なところが素通りされてしまう。譬えてみれば、ハンググライダーで丘の高みを飛び立ち、急降下して、あっという間に着地完了するのと同じである。それでは、何のために飛び立つのか分からない。空気の厚みをたっぷり味わいながら、ゆっくり降りてくる、その途中のプロセスこそが、ハンググライダーの醍醐味である。

では、そのように時間をかけたプロセスのなかで、子どもたちは、何を体験しているのか。

例えば、「イメージを思い描く」と考えることができる。実際の知覚には与えられていない事物の心像（イメージ）を心に浮かべること。あるいは、自分が今から行ってゆくことを推し量ること。そうした説明しにくい体験を、日本の言葉は、一言「想像力」と呼ぶ。だから、〈フォルメンは子どもの想像力を育む〉。

しかし、ここで分かったつもりになったのでは、フォルメンの「しかけ」に届かない。（たとえ外部の観察者の視点とはいえ）せめてもう少し、そのしかけの背後に回ってみる必要がある。

シュタイナー教育では、フォルメンによって「子どもの内側にフォルムを生じさせる」と言う。外界を知覚することによってフォルムを体験するのではなく、子ども自身の内側からフォルムが生じてくるような仕方で、フォルムを体験すること。

この「内側からフォルムを生じさせる」は理解しにくいが、例えば、ゲシュタルト心理学の「プレグナンツの法則」を思い起こしてみる。いくつかの点が、近似的に円周上に並んでいると、人はそれを、円としてみる。与えられている知覚情報は、つながりのない点であるにもかかわらず、それを〈円というフォルム〉として能動的に再構成する（内側にフォルムを生じさせる）。

あるいは、フォルムの左半分だけ子どもに与えるというフォルメンの課題で言えば（図3）、もし、子どもの内側に、〈左右合わせた全体のフォルム〉が生じるのでなければ、子どもは残りの半分を補うことなど考えない。残りの右半分を補いたくなるのは、〈左右合わせた全体のフォルム〉が子どもの内側に生じたためである。

そうした「内側に生じるフォルム」を、フォルメンはねらっている。正確には、この「フォルム」は、「フォルムを形成する動き・働き・活動」と表現されるべきである。動きの止まった完成品のことでは

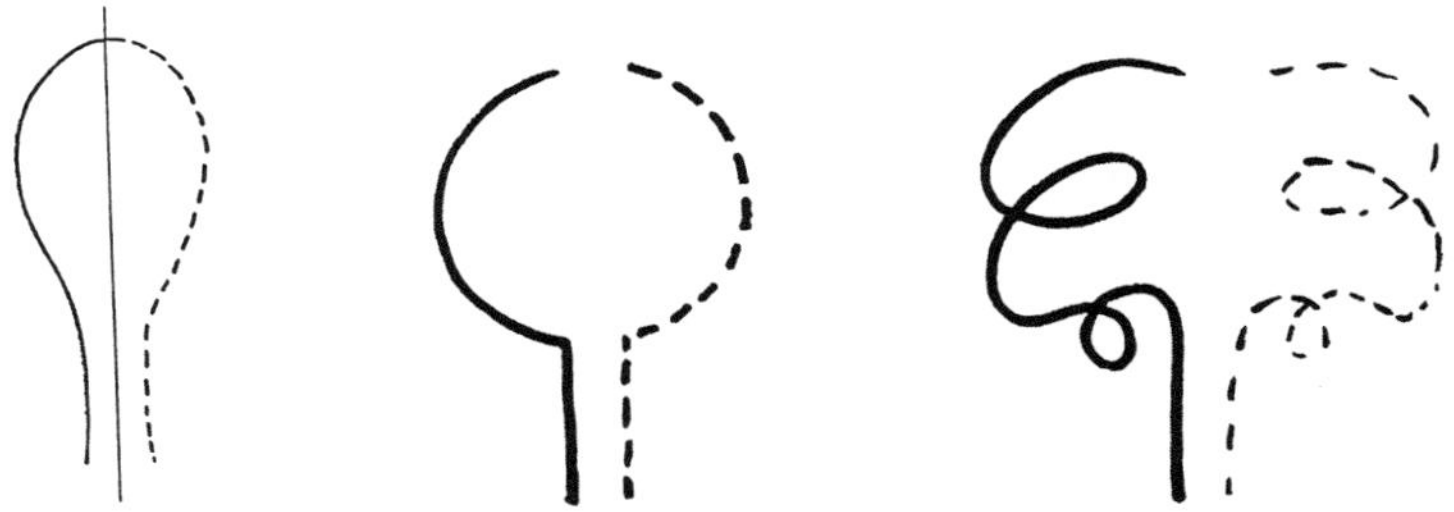

図 3

ない、その動きそのものを内側で体験することである。

では、この「フォルムを形成する動き」とは何か。

重要なのは、シュタイナーが、この「動き」を「自然界の生命力と同じ力・動き・活動」と考えている点である。例えば、植物が成長してゆく力。独自の葉をつけ花を咲かせる、ということは、独自のフォルムを形成してゆくということである。つまり、シュタイナーは、生命の成長し変容する動きを、すべて（formation という言葉を通して）「フォルムを形成する動き」と捉えるのである。

そして、そうした「フォルムを形成する動き」を、シュタイナーは（ある時期）「形成力 formative forces」と呼ぶ。正確には、その働きをする「体 body」を「形成力体 the body of formative forces」と呼び、しかも、それを「生命体 life body」と言い換え、そして、最終的には「エーテル体 ether body」という用語に統一する。つまり、人智学の理論体系のなかでは、この「フォルムを形成する動き」は、すべて「エーテル体」の活動として論じられてゆくのである。(13)

「エーテル体」については次節で見ることにして、ここで目を留めたいのは、シュタイナーが「生命力」を「フォルムを形成する活動」と捉えている点である。シュタイナーは、自然界の生きた姿（メタモルフォーゼ）

を「フォルムを形成する活動」として、「フォルム」の問題として捉えているのである。

〈生命は流れであるから型には収まらない〉、そう考えたくなる日本語の語感からすると、シュタイナーの用語法では、まさにそうした〈流れ〉が「フォルム（形・姿・型）を形成する活動」である。あるいは、逆に、シュタイナーの言う「フォルム」は〈流れている（流れをもつ・流れの位相をもっている）〉。

ということは、「フォルムを生じさせる」とは、「流れを生じさせる」ということである。しかも、その流れが、自然界の生命力であってみれば、「内側にフォルムを生じさせる」とは、「内側に自然界の生命力を呼び覚ます」ということになる。

フォルメンは、完成したフォルムを模写することではない。〈子どもの内側にフォルムを生じさせる〉こと、つまり、〈子どもの内側に自然界の生命力を呼び覚ます〉ことを目的とする。そして、内側に生命力を呼び覚ましていなければ、自然の生命力に触れることができないとシュタイナー教育は考えるのである。

子どもの内側に「生命力＝フォルムを形成する動き」が育っていなかったら、どんなに自然を観察しても、生きた自然に触れることはできない（あるいは、世界を生きた流れにおいて、体験することができない）。

例えば、「かぼちゃ」と聞いて、（店先に並ぶ）すでに出来上がったかぼちゃの姿を思い浮かべるか、それとも、種から芽が出て花が咲き、次第に実を付けてゆく成長プロセスを思い描くか。

生きた自然の生命力とは、かぼちゃが、その内なる本性に沿って、同じ形の葉を付け、同じ味の果実を産み出してゆく、その成長する力（フォルムを形成する活動）のことである。

そんなあたり前のことが、しかし、解剖学的な観察からは出てこない。すでに出来上がった完成品をいくら分析しても、そうした生命力を見いだすことはできないからである。だからこそ、植物の成長観察が大切であるというのであれば、まさにフォルメンとは、その「成長観察」を、身をもって繰り返すことである。あるいは、かぼちゃを自分の手で育てるのと同じく、ひとつのフォルムを自分の手で育てる「成長体験」である。

かぼちゃを育てたことがある人ならば、店先の完成品を見ても、その背後に成長プロセスを思い描く（感じ取る）。つまり「生命力＝フォルムを形成する動き」を感じ取る。

「植物界のフォルムを内的に再構成することを学ぶと、生きた自然の内に、その形成法則、形態形成力を見いだす。」[14]

フォルメンを通して「フォルムを形成する動き」を内側に育てることによって、すでに出来上がっている自然のフォルムの内に（背後に）生命力を感じ取ること。あるいは、世界（宇宙）全体を流れとして体験し、生きた変容する相（メタモルフォーゼ）において体験すること。それをフォルメンは目指していることになる。

4 「エーテル体」について——イーミックな理解とエティックな理解

さて、以上のようなフォルメン理解において重要な役割を担った「フォルムを形成する動き」は、人智学の理論体系のなかでは「エーテル体」として語られる。人間は「物質体」「エーテル体」「アルトラル体」「自我」という四つの構成要素から成り立つという、人智学の基本的人間観である。

では、その「エーテル体」とは、いったい何か。実は、この点は、シュタイナー教育を理解する際の、ひとつの分岐点である。

問題は、〈エーテル体をどう理解するか〉ではなくて、むしろ、〈その問いに立ち入る必要があるかどうか〉である。はたして「エーテル体」を理解しないとフォルメンを理解したことにならないのか。「エーテル体」といった人智学固有の専門用語を用いることなく、フォルメンの営みを理解することはできないのか。

むろん、そうした専門用語を避けているかぎり事の本質に届いていないという批判は成り立つ。しかし、それでは逆に、「エーテル体」だけ切り取って簡単に理解できるものなのか。むしろ「エーテル体」を理解するには、人智学の思想全体を理解する必要がある。のみならず、本当のところは、人智学のなかに自ら入り込み、人智学の訓練（トレーニング・修行）を通して、「エーテル体」を自ら体験する（自分のエーテル体を生きてみる・自らの実感として確認する）ことなしには、理解（体得）できない。

そうであれば、ここは、大きな分岐点である。そこまで人智学に深入りしなければ、フォルメンを理解したことにならないのか。それとも、エーテル体といった専門用語は避けながら、いわば「外側から」、理解することも可能なのか。（およそシュタイナー教育に関わる誰もが一度は悩むであろう）こうした問題を、ここでは、「異文化理解」に重ねる仕方で整理しておく。手がかりは、文化人類学の分析枠組み「イーミックとエティック」である。[15]

文化人類学におけるイーミック（emic）とは、いわば、当事者（ネイティヴ）の視点。特定の文化の内側に立ち、文化内在的に、現地の行為者の立場から記述する視点を言う。他方、エティック（etic）とは、外側の観察者の視点であって、ひとつの文化をその外側から観察し、いわば比較文化的に、より抽象度の高い分類枠組みに沿って記述する視点である。

当面する文脈で言えば、〈人智学の内側に立つ視点〉がイーミック、〈人智学を外側から観察する視点〉がエティックということになる。

むろん、本稿はエティックの視点に立つ。そして、その視点に立つ記述に対して、それでは人智学の本質に届いていないという批判が、イーミックの視点からくることは、きわめて自然なことである。その依って立つ立脚点が違うのだからである。

そして、もしフォルメンを〈イーミックに〉理解しようとするならば、エーテル体を自ら体験する必要がある。それは、単なる人智学の理解ではない。人智学の訓練（トレーニング・修行）を通して、その依って立つ立脚点そのものを（人智学の用語で言えば「より高次の・超感覚的次元」へと）変容させるということである。(16)

あるいは、意味論的に言い換えれば、人智学のイーミックな概念体系（意味論的分節体系）を習得し、人智学の専門用語（人智学に特有の存在分節単位）によって世界を体験してゆくということである。例えば、人間は「物質体」「エーテル体」「アルトラル体」「自我」という四つの構成要素から成り立つという理論体系（意味論的分節体系）を習得し、「エーテル体」という（イーミックな存在分節単位）を獲得し、その用語を獲得するまでは見えていなかった子どもの変化を、この言葉（存在分節単位）によって、明確に認識することができるようになる（シュタイナー教育の教員養成コースとは、いわば、こうしたプロセスをたどっていることになる）[17]。

しかし、それのみが唯一のフォルメン理解ではない。〈エティックに〉理解する道も残されている。しかも、重要なのは、シュタイナーその人が、そうしたエティックな理解を認めていたという点である。

シュタイナーは、人智学の認識をそのイーミックな内輪に留めたりはしなかった。むしろ、一般の聴衆を相手にした講演を何度も引き受け、聴衆に応じて語り方を変えている。人智学の内部で語る（イーミックに語る）講演と、一般の聴衆を相手に（エティックに語る）講演とでは、内容も用語法も異なっている。

それは単なるサービス精神などではない。むしろ、シュタイナーの思想にとって本質的なこと、「エソテリック」という形容詞をめぐるひとつの立場表明なのである。

「エソテリック esoteric」を辞書的に定義すれば「秘義の・奥義の・選ばれた少数者だけの・内輪の」となる。「エクサテリック exoteric（公開の・部外者にも理解できる）」と対をなし、思想史のなかでは、大学アカデミズムやキリスト教正統派から排除された知の位相ということになる。当然「オカルト」という言葉とも重なり合う。

人智学の場合、イーミックに語られた言葉は、すべてエソテリックな（内輪の・選ばれた少数者だけの）特別な訓練（トレーニング・修行）を抜きには理解できない。あるいは、エソテリックなトレーニングの度合いに応じて、理解が規定されてしまう。

では、エソテリックな修行を積まなければ、シュタイナーの言葉は理解できないのか。シュタイナーはそう考えずに、むしろ、一般の聴衆を相手に「エティックに」語る工夫をした。本来イーミックな言葉によってのみ語られるべき事柄を、エティックな文法に乗せて、一般の聴衆にむけて語ったのである。[18]

つまり、エソテリックな（秘義の）訓練を伴って初めて（イーミックに）理解できる思想を説いたシュタイナーその人は、自らの思想をエクサテリックな（部外者にも理解できる）言葉によって（エティックに）理解されることを受け入れていたのである。（そうした意味で、エソテリックな思想の伝統のなかでも、シュタイナーの思想は特異な位置を占めることになる。[19]）

シュタイナーという人は、それほどまでに、自分の思想がいわゆる常識から懸け離れていることを自覚していた。あるいは、彼は、立脚点が違うと、いかに世界が異なる姿で現れるかを知り抜いていた。だからこそ、その〈立脚する立場〉そのものを、訓練（トレーニング・修行）によって「高める」必要を説いたのである。[20]

5　フォルメンが想像力を育む——型に入ると流れが生じる

さて、そうしたエティックな（人智学の専門用語を使わない・外部の観察者の）視点から見る時、フォルメンとは、どのように理解されるのか。そして、そうしたアートがなぜ〈子どもの想像力を育む〉ことになるのか。

フォルメンという言葉の元をなす「フォルム」は「形」であり「型」でもあった。もし、フォルメンを「型」の動詞形と理解してみれば、それは「型になる・型に入れる・型に入る」ということになる。[21]

そして、実際、子どもたちはフォルムを繰り返し描く。この「繰り返し」がフォルメンにとってきわめて重要な意味をもつのであれば、フォルメンとは子どもたちが「型に入る」練習ではないか。あるいは、逆に、「型に入る」という視点から、このフォルメンを理解することができるのではないか。[22]

子どもたちは、同じフォルメンを繰り返すことによって、そのフォルムのなかに入る。ひとつのフォルムの習得とは、型に入ることである。しかし、型に入ると、動きが固定する。では、フォルメンは、動きの固定をねらうのか。むろん、そうであるはずがない。

ここに「型」の逆説がある。

型は〈次の動き〉を生む。この〈次の動き〉は、型に入るための意識的な動きではない。むしろ、そうした意識的な動きが止まった時に、自然に内側から生じてくる〈次の動き〉である。そしてその〈次の動き〉が、そのまた次の動きを発生させ、そのまた次につながってゆく。つまり〈流れ〉になる。

それは意図的でもなければ、意識的でもない。内側から自然に湧きおこり、自動的・自発的に体験される。しかし、意識的に作り出すことはできない。作為的に、この〈次の動き〉を直接に生じさせることはできない。ただ、一定の動きを習得すると、自然に、内側から生じてくる。

つまり、この〈次の動き〉は、一定の動きの習熟を前提とした自然な動きである。ひとつのフォルムのアート（技法）に習熟する時、初めて、自然な動きが発生する。逆に、アートがないと、この〈次の動き〉は発生しない。

そう考えてみれば、フォルメンとは、「フォルムという型」に入ることを課題としつつ、実は、その一歩先に生じる〈次の動き〉をねらっていることになる。

したがって、ここでもまた、逆説的な表現になる。

上手なフォルメンを結果として残すことが最終目的であるわけではないにもかかわらず、上手なフォルメンを描こうとしなければ、ねらいとする〈次の動き〉は生じてこない。型に入ることが最終目的ではないにもかかわらず、型に入らないことには、ねらいとする〈次の動き〉が生じてこない。

フォルメンという教科は、（こうした経緯を理解した上で）「型に入る」練習である。「型（フォルム）」を習い覚え、しっかり身につける稽古である。その代わり、その習い覚えてゆくプロセスに、驚くほど、時間をかける。手間暇をかける。手間暇をかけながら、〈次の動き〉を育てようとしている。

それが、シュタイナー教育のなかでは、〈子どもたちの内側にフォルムを生じさせる〉と語られていることになる。

フォルメンというアートは（そして、おそらくすべてのシュタイナー教育のアートも同様に）、逆説を内に秘めている。それは、なによりもまず「型に入る」練習であり、その先に、自然な「流れ」を発生させる「しかけ（アート）」である。(23)

それは、型に縛られない奇抜な自己表現などではない。まして「殴り書き」などとはまったく違う。にもかかわらず、それは、模写ではない。外界の完成したフォルムを正確に模写することが目標なのではなくて、そのフォルムが出来上がってゆく動きを身をもって体験することをねらっている。正確には、その動きが、自然な流れとして、子ども自身の内側に生じてくることをねらっているのである。

フォルムの意識的な練習を重ね、内側に生じる流れを自然に表現できるようになった時、余計な力みがとれ、工夫が止む。その意味で、フォルムの習得とは、意識的な工夫の停止である。そして、まさにその時（作為的な動きの工夫が止む時）、自然な流れが生じる。

人は、自《みずか》ら、動くことはできるが、自《みずか》ら、流れることはできない。流れは、自《おのずか》ら、生じる。まさに、そうした流れこそが「子どもの内側に生じるフォルムを形成する動き」と語られてきたことである。

そして、ここまで理解した上でならば、この「型から生じた自然な流れ」が「想像力」を育むと言ったとしても、なんら不自然ではない。

想像力もまた、意図的・意識的に発生させることはできない。想像力は、流れと同様、意図的な動きのなかから、〈その次の動き〉としてのみ、発生する。

想像力はゼロからの出発ではない。ただ待てばよいというわけではない。むしろ、リズミカルに繰り返される訓練を積み重ねるなかで、初めて、想像力が〈次の動き〉として流れ始める。

観察者の視点から見る時、フォルメンは、そうした意味において〈子どもの想像力を育てる〉営みとして理解されることになる。

（1）「シュタイナー教育のアート」という時、当然、「教育芸術」(Erziehungskunst, the art of education)が念頭にある。問題は、この Kunst を「芸術」と置き換えてよいかどうかである。もし「芸術・芸術的」という言葉から〈型に縛られない自由で独創的な自己表現〉が一面的に連想されるなら、それは違う。シュタイナー教育は、ある一面において、徹底した〈わざの習得・型の習得〉である。そのために基礎練習を繰り返し、子どもたちはリズミカルな繰り返しのなかでこそ、わざを身につけてゆく。
ところが、シュタイナー教育の名のもとに〈芸術と自由〉が結びつき、それに「ファンシーグッズ」が加わることによって気楽なクラスが連想され、挙げ句の果てに「子どもたちは好きなことを好きなように学び、先生は何ら指示を与えない」といった、誤った印象さえ生まれてしまう。まったく逆である。少なくとも八年生まで、子どもたちは、教師の工夫したプログラムに従って、みんな一斉に学ぶ。先生たちはしっかり教える。指示を与えないどころか、むしろ、子どもたちを内側から動かすために、細心の工夫をする。授業は「しかけ」に満ちている。しかも、それらすべてが「芸術的」である。つまり、「わざ・しかけ・技法」であると同時に、「創造的・想像的」な芸術。そうした多義的な Kunst という言葉を、本章は、すべて一度、アートと呼ぶ。

(2) フォルメンに関する基本文献は、高橋巌、H・R・ニーダーホイザー『シュタイナー学校のフォルメン線描写』(イザラ書房、一九八九年)。フォルメンに関する優れた研究書としては、E＝M・クラーニッヒ他『フォルメン線描』(森章吾訳)、筑摩書房、一九九四年。実践的な解説としては、R. Kutzli, *Entfaltung schöpferischer Kräfte durch lebendiges Formenzeichnen*, Novalis Verlag, 1987.＝R・クッツリ『フォルメンを描くⅠ・Ⅱ』(石川恒夫訳)、晩成書房、一九九七年が最も体系的である。

(3) 「ぬらし絵」の手頃な紹介としては、吉澤明子「世界の美しさを知るために――色が教えてくれること」『シュタイナー教育入門』Gakken、二〇〇〇年。

(4) 前掲クッツリ『フォルメンを描くⅠ』、四九頁。

(5) シュタイナー教育のカリキュラム全体が「知識が出来上がってゆくプロセスを体験する」ことに重点をおいていることについては、すでに論じたことがある。西平直『シュタイナー入門』講談社現代新書、一九九九年、第一章。

なお、同書において私は、フォルメンが画一的な模写などではないことを強調したかったために「フォルメンは殴り書きと思えば良い」と乱暴なことを書いたことがある。しかし、フォルメンは殴り書きではない。「フォルメンは殴り書きではない」という表現こそ正しい。画一的な模写ではなく、さりとて、殴り書きでもない、そうしたフォルメンを、「型に入る」こととして理解する試み、それが今回の課題である。

(6) シュタイナーはフォルメンという教科を「気質教育」とのつながりで考えていた。しかし、シュタイナーの「気質論」はまったく独自であり、人智学の理論体系のなかで正確に理解しないと思わぬ誤解を招く恐れがある。立ち入った検討は、他日を期したい。H・ベルトルド＝アンドレ「気質の観点から見たフォルメン線描」（前掲クラーニッヒ他『フォルメン線描』所収）、および、高橋巌「気質教育としてのシュタイナー線描」前掲『シュタイナー学校のフォルメン線描写』イザラ書房、一九八九年所収）など参照。

(7) フォルメンという教科は、障害を持った子どもたちの教育、あるいは、何らかの「治癒」を必要とする子どもたちへの関わりにおいても、様々な意味を持つという点については、E・ビューラー「治癒教育でのダイナミック線描」（前掲書クラーニッヒ他『フォルメン線描』）を参照。

(8) 「ダイナミック線描」については、E・ビューラー「通常クラスでのダイナミック線描」（前掲クラーニッヒ他『フォルメン線描』所収）など参照。

(9) この点では「オイリュトミー」も同じである。フォルメンとオイリュトミーとの関連など、検討すべき課題は多く残される。オイリュトミーについては、秦理絵子『シュタイナー教育とオイリュトミー』学陽書房、二〇〇一年。

(10) ビデオ映像『シュタイナーの世界』（栄光教育文化研究所、一九九七年）第1巻には、小学校一年生のフォルメン授業が登場する。

(11) 当然、フォルメンにおいても「書き順」が大切になる。手順を間違えたり、あるいは、途中の手順を省略して完成形を急いだ場合、見た目には同じであっても、内面で生じている〈流れ〉はまるで異なる。「型に入る」アート（わざ）は、すべて、手順を丁寧に踏む。

(12) シュタイナーは「メディテイション」について詳しく論じ、また、シュタイナー教育の教員養成コースにおいては「メディテイション」が必修である。シュタイナー教育における「メディテイション」の意味については、あらためて丁寧な検討が必要である。さしあたり、西平直『魂のライフサイクル』東京大学出版会、一九九七年、Ⅲ—1、補論を参照。

(13) 「形成力」をめぐる用語については、R・シュタイナー『神智学』（高橋巌訳、イザラ書房、一九七七年）四二頁に依拠する。しかしながら、この「形成力＝フォルムを形成する動き」に関する本文の考察は、あくまで日本語による考察であって、ドイツ語テクストに即してみた場合、少し強引である。というのは、「形成力」の原語が、ドイツ語では「die Bildekräfte」であって、そこには「フォルム」という言葉が含まれないのである。英語訳は「formative forces」であるから、この「form フォルム」を含んだ formative forces（形成力）を仲立ちとして、form（形・型）と formation（形成・成長）がつながる。ところがドイツ語の場合は、Form（形・型）―Bildekräfte（形成力）―Bildung（形成・成長）となるから、言葉の上でのつながりが切れてしまう。そうした意味において、「Bildekräfte（形成力）」を「フォルムを形成する動き」と理解するのは、ドイツ語では十分に顕在化していない意味内容を、英語と日本語によって、浮き彫りにしてみせる試みであったことになる。なお、シュタイナー自身が「フォルメン線描」に言及したのは三回のみ（いずれも講演の中）であるが、フォルメンの検討を深めるためには、例えば、「イルクレイ Ilkley 講演」（一九二三年）を独語・英語共に、慎重に吟味する必要があると思われる。独文原稿は、"Gegenwärtiges Geistesleben und Erziehung"（GA Bibl. -Nr. 307）。英文原稿は、"A Modern Art of Education"（Rudolf Steiner Press）。以上の点に関しては、日本大学大学院生・柴山英樹氏から貴重な示唆をいただいた。

（14） E＝M・クラーニッヒ「肉体内の形成力から魂内の形成力への変容」（前掲クラーニッヒ他『フォルメン線描』）三九頁。

（15）「イーミック（emic）」と「エティック（etic）」の区別を、実際の分析枠組みとして具体的に用いた研究として、F・ジョンソン『甘えと依存』（弘文堂、一九九七年）が興味深かった。もっとも、この二つの視点を分離することは不可能という指摘もあり、問題は「エティック」という視点に含まれる無自覚な前提にこそあるように思われるが、今後の課題とする。

（16） R・シュタイナー『いかにして超感覚的世界の認識を獲得するか』（高橋巌訳）イザラ書房、一九七九年。

（17）「エーテル体で憶えている」と語られる事柄を、エティックに（外部の観察者の視点から）理解すれば、「からだ（身体感覚）で憶えている」に近い。例えば、ピアノにおいて、指が憶えているというレベルまで練習したら忘れない。あるいは「流れを憶えている」に近い。ある場面だけ独立に思い出そうとしてもできないが、初めから順に流れのなかで思い出してゆくと、勢いに乗って思い出すということである。

（18） 一般の聴衆を相手に語ったシュタイナーの講演の典型としては、オックスフォード大学における研究集会の講演記録『オックスフォード教育講座』イザラ書房、二〇〇一年。

(19) 「オカルト」という言葉が、ラテン語の occulo(隠す)に由来し、「隠されている」を強調しているとすれば、シュタイナーの立場は、逆に「隠さない・隠されてきたことを公開する・論理と思考によって理解できるように解き明かす」立場である。

(20) 「シュタイナー学校の教師はエソテリックでなければならない」という時の「エソテリック」とは、エティックには、「求道者として生きる」という意味に理解してよいように思われる。なお、この問題を含め、ハインツ・ツィンマーマン氏(ゲーテアーヌム教育セクション理事)の講演(二〇〇二年七月二〇—二一日、東京八王子)から多くの示唆を得たことを記しておく。

(21) 正確には、フォルメン Formen という言葉は、名詞 Form と動詞 Zeichnen を合わせて作られた言葉である。

(22) 本稿は「型」概念に関する検討には立ち入らない。「型に入ると〈動き〉が固定し、それによって〈流れ〉が生じる」という用語法においてのみ、「型」概念を用いる。源了圓『型』(創文社、一九八九年)、源了圓編『型と日本文化』(創文社、一九九二年)、加藤信朗「かた・かたち・すがた」(『講座美学2』東京大学出版会、一九八四年)など参照。

(23) 型と流れに関しては、現在、世阿弥の稽古論に依拠した考察を継続中である。さしあたり、西平直「世阿弥の還相——還相における〈他者〉の問題」『思想』九六〇号、二〇〇四年、同「世阿弥の稽古論再考——『稚児の身体』と『型』の問題」『教育学年報』一〇号、二〇〇四年。

幕間劇2　シュタイナー学校の卒業生たち──教育の「成果」とはどういうことか

「シュタイナー学校を卒業した人達は、どういう生き方をしているのか。その生き方に、この教育はどういう影響を与えているのか。」

それが、この小さな文章の課題です。しかし、それに応えたものではありません。そうではなくて、問いの練り直し。この問いの内に含まれるさまざまな課題を点検した基礎作業（方法論的検討）なのです。

なぜそんな回り道をする必要があるのか。卒業生たちの生き方を知りたいのなら、早く彼らのところにいって、話を聞いたらいいではないか。確かにそうです。そして、実際そうしてみました。しかし、うまくゆかないのです。聞きたいと思っていることを、聞くことができなかったのです。それは、彼らが十分話してくれなかったということではありません。むしろ、こちらの焦点がはっきりしていなかった、何を聞きたいのか、質問が十分練られていなかったのです。あるいは、問いの「深さ」を自覚していなかったのです。「生き方」を簡単に聞かせてもらえると思いこんでいた。そうした、そもそもの前提から根こそぎ問い返されてしまったのです。

シュタイナー学校を卒業した人達は、どういう生き方をしているのか。その生き方に、この教育はどういう影響を与えているのか。この問いは、日本でシュタイナー教育を構想してゆく際に、きわめて重要な意味を持つと思います。しかし同時に、その問いの持つ「深さ」や「恐ろしさ」を自覚しないと、まるで問題をとらえ損なってしまうと思うのです。

シュタイナー教育の「効果」

数年前から「シュタイナー教育」をめぐって学生たちと話をしてきました。むろん、共感する学生も、批判する学生もいます。そうした多様な反応も興味深いのですが、ともかく、毎年必ず出てきたのが、冒頭の問いでした。

「こうした特殊な（普通でない）学校を卒業するとその後どういう人生を送るのか。……どんな仕事につくのか。……社会に出てからうまくやっていけるのか……。」

中でも、ある学生の批判は印象的でした。彼は、教育の「効果」という言葉を使いながら、シュタイナー学校の卒業生こそ、その効果が試される「試金石」ではないかというのです。

そして、もしその「効果」がはっきり証明されないなら、カリキュラムとか教育理念とか言っても、しょせん、大人の側の勝手な理想に過ぎないではないかと批判したのです。その教育の結果として、いかなる「効果」が現れるのか、それをはっきりさせなければ、どんなに良いプランであっても、結局は、親や教師の思いこみに過ぎないと言うわけです。

「自由への教育」の理念をめぐる議論

そうした批判が出てきた背景を、少し説明しておきます。

よく知られているように、この教育は、すぐに結果が出るものではありません。むしろ、長いタイムスパンの中でとらえる必要があります。とりわけ問題が鮮明になるのは「自由への教育」という問題です。具体的には、この教育は「自由への教育」を目標としていますが、しかし「自由な教育」ではないという逆説的な点です。

シュタイナー教育は、子どもが「自由な個人」となることを目標としていますが、しかしその教育は、自由放任ではありません。子どもを好き勝手にさせるのではなくて、むしろ逆に（ある年齢までは）教師の側の指導のもとにおきます。教師の権威に従う必要があるというのです。

そうすると、ビデオの中で先生の指示通りに動いている子どもたちを見た学生は、これでは「自由」とはまるで逆ではないかと感じてしまうわけです。

しかし、シュタイナーの人間発達論によれば、人生の適切な時期に、一度、権威に従う体験をすることが必要です。それによって、逆に、権威に対する依存から離れることができるというのです。子どもの時に、尊敬する大人に存分に信頼することができるからこそ、逆に、そこから離れてゆくというのです。

しかし、本当にそうか。本当に、子どもの時に「権威に従う」と、大人になった時、権威から離れることができるのか。逆に、そのまま権威に従ってゆく服従的な人間になる危険はないのか。

そして、先の批判が出てきたわけです。教育の「効果」が、卒業生たちによって「証明」されなければ、納得できないではないか。本当にその通りになっているのか。シュタイナーが説明した通りになっているのか。「その学校の卒業生たちの生き方」こそ試金石ではないか。しかも、長いタイムスパンにおいて見る必要があるとすれば、かなり年配の卒業生たちを「調査」しなければ、その「効果」は見えてこないのではないかという話になったのです。

調査結果や体験記

では、実際、シュタイナー学校を卒業した人達は、どういう生き方をしているのでしょうか。これまでにも調査がないわけではありません。

たとえば、『ミュンヘンの中学生』でも紹介された「卒業生追跡調査」(一九七四年から三年がかりで行われた西ドイツの調査)によれば、この学校の卒業生たちの傾向は、こうなっています。

①最終学歴が高い。特に女子で高い。②職業は、医学・教育・芸術・福祉の四分野に多い。③三分の二がホワイトカラー、一五%が自由業である。④「自己実現」と「社会奉仕」が職業選択の基準となる。その可能性がない場合は「転職」する傾向がある。⑤大学卒業時において、上位の成績を収めている。

そしてそれは、大まかな点において、私の出会った人達にも当てはまっていました。

しかし、これでは、本当に聞きたいと思っている所に届きません。たとえば、同じ医者になるにしても、どういう医者なのか、何を一番大切にする医者なのか。そうした生活実感を伴った価値観こそ、聞いてみたいのです。

その意味では、子安文『私のミュンヘン日記——シュタイナー学校を卒業して』(中公新書、一九八六年)などには、より内面の視点が含まれています。『ミュンヘンの小学生・中学生』の主人公

（当事者）が、二〇歳の頃に学校生活を回想し日記風につづったものです。しかし、そこには「シュタイナー教育の秘密を内側から解き明かす」ような文章はあまり多くありません。その時々の状況に対応してゆく感受性豊かな女性の姿は見えるのですが、その生き方にこの教育がどういう影響を与えているのか、それを言葉にするには、まだあまりに「当事者」すぎたのかもしれません。

おそらく「シュタイナー教育の意味」を言葉にするには、その体験から、少し距離を取る必要があるのだろうと思います。ある卒業生が語ったという大切な言葉を、子安美知子先生が書き留めておられます。

「フォルメンとか、オイリュトミーとか、……あれが自分の中に、何か目に見えない大事なものを育てたのだ、と気がついたのは、私が三十五歳を過ぎるころでした。」（『ミュンヘンの中学生』）

この教育の意味は、ある程度まで年齢が進まないと見えてこないのかも知れません。もしかすると、シュタイナーの言うように「三五歳」がひとつの区切りなのかもしれません。あるいは、三五歳という年齢にこだわる必要はなくて、人によって時期が異なり、きっかけが異なるということなのかもしれません。

年齢（人生段階・人生ステージ）の違いによるシュタイナー教育の「効果」の現れ方の違い、その点に注目してみたいのです。

シュタイナーの「匂い」の位相

ところで、東京シュタイナーシューレ卒業生の声は、シュタイナー学校を離れたばかりの新鮮な声として、興味深いものでした。六年生を卒業後、公立の学校に進んだ二〇歳前後の学生たちへの簡単なインタビュー記事は、屈託のない「楽しかった」という明るい声に満ちています（「シュタイナー教育のもとで育った子どもたちはいま」『子どものいのちを育む――シュタイナー教育入門』子安美知子・上松佑二・西平直ほか、Gakken、二〇〇〇年）。

「シュタイナー教育を言葉で説明しようとすると、たぶん難しいんでしょうね。でも実際には、そんなに難しいことはやっていませんよ。遊ばせながら教育する感じ。」

「ただ、いまから思えば学んでいる側はそんなに難しいことをやっているような感じはしませんでしたけれど、教えるのは難しいことだと思います。オリジナルですから教える側はすごく考えていたと思いますよ。」

こうした感想が、年齢とともにどのように変化してゆくのか。その内に含まれている意味が、どのように自覚され直してゆくのか。そうした視点（いわゆる縦断的アプローチ）も課題となりそうです。

ところで、このインタビュー記事には「シュタイナーの匂い」というおもしろい言葉がでてきます。始めて出会った人でもシュタイナー教育を受けたことのある人たちは、話しているうちにお互いにわかるというのです。「ちょっとだけ違うんですよ。なにかシュタイナーの匂いがするんです」。

この言葉に感じ入った記者は、この「匂い」の位相をこうまとめています。

「だとすれば、シュタイナー教育がおそらく内面のどこかひどく深いところに働きかけ、何かを確かに育んだのではないだろうか。……彼らの内面にひっそりと、しかし確実に育った香気のようなもの、それだけはシュタイナー教育を受けた人だけが持ちうるものだといっていいのかもしれない。」

そうした「匂い」の位相、どこか深い深い内面でひっそりと育まれている香りのような位相、そこにふれないことには、シュタイナー教育の本質に届かないのだろうと思います。

質問の内容——誰から何を聞くのか

では、そうした「匂い」に触れるにはどうしたらよいのでしょうか。むろん、それを語ってくれる「いい語り手」に出会えるかどうか、深い位相を語ってくれる情報提供者に出会えるかどうか。それに掛かっているわけです。

しかし、ただ待つというわけでもありません。実は、質問こそが語り手の姿勢を決めてしまう、聞き手次第で話が深くも浅くもなるというのが、ライフヒストリー研究の教えることなのです。

では一体、どういう質問を用意しておけばよいか。どういう人から、どういう話を聴くのがよいのか。つまり、対象にふさわしい問いの立て方（シュタイナー教育の本質を解き明かすためにふさわしい問いの立て方）を十分に練っておかねばならないのです。

さしあたり、三つの人生段階を区別しておきます。①「学生の時期・青年期」。②「子育ての時期」。③「人生後半」。(むろん、非婚の人もいるでしょうし、子どもを持たない人もいるでしょうから、あくまで目安です。まして「人生後半」は年齢による区分というより、質的な違いであるのは、後に見るとおりです。

①「学生の時代」は、およそ「結婚前・就職前」を想定します。いわば「アイデンティティ探究」の時期であり、現実社会の中で自分の仕事を見つけ、なすべき課題を探す時期と考えておきます。

この時期の人達(この人生のステージにいる卒業生)に聞いてみたいのは、「現実社会への適応」という観点から見た時、シュタイナー教育をどう感じるかという点です。それは、先の「こうした学校を卒業すると社会の中でうまくやっていけるのか」という、しばしば耳にする疑問とも重なります。卒業生たちは、その点をどう感じているのでしょうか。

シュタイナー教育のすばらしいところは、現実社会の大地にしっかりと根を張っている点です。しかも、社会に流されてしまうのではなくて、むしろ、社会から距離をとり、個人の内面に確固とした立脚点(「自我 Ich」)を確保しようとします。

そうした自我の感覚(内面的な立脚点)と、社会の一員となること(たとえば仕事を選んでゆくこと)とをどう兼ね合わせるのか。青年期に特有の(エリクソンが「アイデンティティ」という言葉でとらえた)課題において、シュタイナー教育は、どういう「効果」を発揮するのか。あるいは、それを当人がどう感じているのか。たとえば、職業を選択するに際して、この学校での体験がどのように影響したと感じているかということです。

②「子育ての世代」は、子どもが義務教育を終えるまでの時期、次世代への関わりが中心となる時期と考えておきます。

この時期における質問は、子育てに際して、自分の受けた教育体験をどう思い出すかという点です。あらためて気づくことはないか。あるいは、その教育の意味が「わかる」と感じたのはどういう場面か。たとえば、子どもの「しつけ」をめぐって、自分が親の立場になって（あるいは次世代の育成に関わることになって）初めて見えてくるシュタイナー教育の意味ということです。

自分の受けた教育体験の意味は、次世代の教育に関わる際にあらためて吟味されるといいますが、とりわけシュタイナー教育は、そうした円環的関係性（エリクソンに倣えば「世代継承サイクル」）において見る必要があると思われます。

その点から見れば、自分の子どもたちにもこの教育を受けさせたいと思うか、思わないとしたらなぜか、という質問も重要です。もしくは、卒業生で、わが子をやはりシュタイナー学校で学ばせている親と、シュタイナー学校を選ばなかった親との意見の違いを対比する必要もありそうです。むろん、そこにはさまざまな要因が影響していると思われますが、シュタイナー教育に肯定的な意見ばかりでなく、懐疑的な意見にも耳を傾けるためには、必要な視点であろうと思われます。

また、シュタイナー学校を卒業して、現在その学校で教えている先生たちも、貴重な存在（情報提供者）です。自分がこの学校で教える側に回って初めて見えてくる意味を、どう感じるのか。あるいは、シュタイナー学校の卒業ではない他の先生方と微妙な感じ方の違いなどあるのか、うかがってみたいことです。

③「人生後半」は、子育てを終えた後、中年期・老年期を想定しますが、本質的には年齢区分とは異なり、現実社会から少しずつ距離を取り、内面的な方向に関心を向ける方向性です。いわば「スピリチュアリティ（精神性・宗教性）」を意識してゆく方向（ユングの「個性化」に相当するプロセス）です。

たとえば、宗教的・精神的領域にどう関わっているか。あるいは、芸術的領域についてはどうか。あるいは、現実社会との距離の取り方をどう工夫しているか。そうした点において、この学校体験はどんな影響を残していると思うか。

あるいは、「シュタイナーの思想」から影響を受けたと思うかという点も重要です。シュタイナー学校では、人智学については教えないといいますが、しかし、なんらかの形で影響を与えていると思われます。その点をどう感じているのか。たとえば、その学校になんらかの宗教的な雰囲気を感じていたか、食事や医療についてなんらかの影響を受けたかなど、興味深い問題です。

（人生段階の区分のほか、実際には、他の因子もたくさん考慮しなくてはなりません。たとえば、時代状況や「コーホート」、地域や、男女の違い、職業による違いなど。）

聞き取り調査――あるいは、友達になること

さて、問題は調査の方法です。

多量の質問紙によって統計的な数値を出すことも考えられますが、私は、そうした方法はとりません。むしろ、いわゆる「聞き取り（面接によるインタビュー調査）」を考えています。直接ゆっ

くりと話を聞く方が、たとえ数は少なくても、より深い話を聞くことができると思うからです。しかし、ただ面接をすれば良いというわけではありません。

たとえば、ごく単純に、学校体験をどれほど憶えているものでしょうか。まして、それが後の人生に与える影響など、普通は、意識していません。それは、自分が語る側に回った場合を考えてみれば分かります。……ほとんどおぼえていない。思い出すのはごく断片的な場面。とりたてて大きな影響を残したとも思えない。今の生活とはつながらない。……そうした感想に終わりそうです。

あるいは、たとえ回想されても、そこからその学校の特徴などが見えてくるものなのか。調査に応じてくれるのは、その学校に「良い印象（肯定的な評価）」を持つ人に偏ってしまうのではないか。調査者の期待通りに話を合わせただけの、紋切り型の回答に終わるのではないか。

しかし、本当の問題は、むしろ「調査者」という存在なのです。たとえ思い出したとしても、それを「調査者」などに語るでしょうか。少年時代の心の秘密を「調査者」に打ち明けるなどということがあるかということです。

「シュタイナー教育の影響について語る」とは、実は、「自らの子ども時代について語る」ということです。それは、現在の自分の生き方から過去を意味づけ直し、過去を新たに構築してゆくことです。語る側にとっては、自分史を掘り起こすこと、自分の内面について語る作業に他なりません。

それを、突然おしかけてきた「調査者」に語るでしょうか。まして、都合の良い情報だけ持ち帰ろうとする「調査者」などに心を開くはずがありません。しかし、心を開くことのない話は、いくら多くの情報であっても、「匂い」の位相にふれることはできないのです。

「心を開く」ということには、自分のことを相手に知ってもらいたいという気持ちが含まれます。何回も会って話を重ね、相手（調査者）のことを十分知った上で、自分のことを相手に知ってほしいと思うということです。しかし、そう思うようになる時、それはもはや「調査者と情報提供者」という関係を越えてしまいます。それは、友達になることです。あるいは、二人で共同作業をするということになるわけです。

そうなって初めて「匂い」の位相にふれる話ができる、自分の内面の深い次元から、言葉を紡ぎ出す作業になるということなのです。

（インタビューにおける「ラポール」問題、自伝的回想における「回想」という「語り（ナラティヴ）」の方法論的問題、調査者との共同作業における（援助を受けた）自伝の問題等々、今日、ライフヒストリー研究・ナラティヴ心理学・エスノメソドロジーなどさまざまな領域から学ぶことができます。）

恐ろしい問い——「シュタイナー教育の本質」を問う怖さ

しかし、今ここでの問題は、とりわけ「シュタイナー教育の本質」にふれようとする場合、こうした問題性がきわめて鮮明に現れてくるということなのです。

シュタイナー教育の「効果」が試される「試金石」としての卒業生たち。彼らはどういう生き方をしているのか。そうした質問が出る時、その背後には、卒業生たちは「正解」を持っているという素朴な前提があります。卒業生たちに質問すれば「答え」を教えてくれるだろうと素朴に期待するわけです。

ところが、シュタイナー教育によって働きかけられる深み（どこか深い深い内面でゆっくり時間をかけて育まれてゆく匂いのような位相）に関しては、実は、卒業生自身始めから「正解」を持っているわけではないのです。

それは、いつも意識されているわけではありません。まして、言葉になって自覚されているわけではありません。むしろ、多くの場合、なんらか「語ること」によって初めて姿を現すのです。ということは「聴き手」がいて初めて「答え」が現れるのです。その意味でそうした「匂い」の位相にふれるような聞き手との共同作業の中でこそ、初めて「答え」が現れてくるということです。

逆に言い換えれば、それは「調査者」の姿勢が映し出されてしまうということです。質問がどれだけ深いところを突いているか。その見る側の目が、話の深さを決めてしまうのです。深い目には深い姿が現われ、浅い目には浅い姿しか映らないのです。

ですから、実は相手によるのではなく、むしろ、質問する側の見る目・聴く力によって決まるのです。より正確には、二人の共同作業をうまく深めていけるかどうか、それが鍵になるということなのです。

そうした意味において、冒頭の問いに答えることは簡単ではありません。むしろ、その問いへの立て方が、実はそのまま、問う人の見る目の深さ（浅さ）をさらけ出してしまうという意味で、恐ろしい問いなのです。しかし、そうした恐ろしさを承知した上で、「シュタイナー学校卒業生たちのライフヒストリー研究」が必要な時期に来ていると思うのです。

6　観察の道具としての観察者——人が人を理解するとはどういうことか

1　臨床的関係における感情的反応——エリクソンの洞察

人が人を観察するとはどういうことか。モノを観察するのと、どう違うか。

まず、人が人を観察する場合、その関係は、一方向的ではない。観察する側も、観察されている。相手もこちらを見る。時には、こちらを試している。

その場合、もはや「観察対象」という言葉はなじまない。それは、〈観察者と観察対象の関係〉というより、〈人と人との応答するやりとり〉に近づいている。

ところが、人と人とのやりとりには、感情的反応が伴う。観察者の側の感情も動いてしまう。逆に、動かないとしたら、どこかで抑圧している。ないしは、相手を生きた一人の人として見ていないということである。「人（生きた相手）の観察」には、必ず〈観察者自身の主観的反応（感情的反応）〉が含まれる。それどころか、生きた相手の観察は〈観察者自身の主観的反応〉を通してこそ可能になる。

ということは、〈観察者自身の主観的反応を排除することによって「客観的事実」を求める〉方法論とは決定的に異なるということである。では、〈観察者自身の主観的反応（感情的反応）〉を必要不可欠とする「知の営み」（それをエリクソンは臨床科学 clinical science と呼ぶ）には、いかなる方法論的問題があるのか。

そうした問題を「転移／逆転移関係」の理論モデルを手がかりにして考えてみようというのが本章の主旨である。

かつてエリクソンは、その著作『幼児期と社会』初版前書きで、こう語った。

本書〔『幼児期と社会』〕は、歴史的プロセスに関する書である。しかし、精神分析家は、一風変わった、おそらく新しいタイプの歴史家である。すなわち、①彼は、観察する対象に自ら影響を与えて、自分自身が研究している歴史的プロセスのなかに入り込み、その一部となってしまう。②彼は、治療者として、被観察者に対する自分自身の反応を意識していなければならない。③観察者としての彼の〈反応の仕方 equations〉が、実は彼の観察の道具そのものになるからである（Erikson, 1950, pp. 16–17、丸中数字は引用者）。

まさに、〈観察者自身の主観的反応（感情的反応）〉について論じたこの文章が、臨床家としてのエリクソン自身の経験に基づいたものであり、その前提には、フロイト精神分析の難問「転移／逆転移関係」の理論モデルが控えていたことは言うまでもない。

臨床家はクライエントの心の内側を、自分自身の（臨床家自身の）心に湧き起こる感情を通して、観察する。この場合の「観察する」は、「体験する」と区別できない。なぜなら、その感情は自分自身のものであり、自分の外にある対象の観察ではなく、まさに、当人自身が体験しているのだからである。その感情を手がかりにする。ないしは、そうした自分の心の動きを通してしか、クライエントの心の内側に近づくことはできないというのである。

それ故、観察者自身が「観察の道具」になる。「観察者としての彼の〈反応の仕方 equations〉が、実は彼の観察の道具そのものになる」（引用文③）。自分の感情を「反応器・センサー」とし、「重要な情報収集器官」とする。自分の心の動きを「道具」とし、自分の感情を「治療に役立てる」ということである。（哲学者リクールがまさにこの点に驚きを示したことは、後に見る。）

この事態を、今度はクライエントの側から言い直してみれば、クライエントが自分の内なる無意識に直面するのは〈自分の内面を顧みることによって〉ではなく、〈相手である臨床家の感情的反応を通して〉ということになる。臨床家から自分に向けられた感情的反応にこそ、自分ひとりでは気がつくことのできなかった心の内面への手がかりがある。臨床家とは、クライエントがそこに自分の姿を映し出す鏡なのである。

しかし、「鏡」と言ってしまっては、あまりに静的にすぎる。正確には、クライエントの状態が臨床家に影響を与え、逆に、臨床家の反応にクライエントがまた反応し、再び……という、いわば「合わせ鏡」のような乱反射する相互作用が生じている。したがって、極論すれば、いったん「治療関係」に入った後は、その中で刻刻と変化するクライエントの状態は、すべて治療関係の函数ということになる。

そうした意味まで含めて、臨床家はクライエントに影響を与える。「彼は観察する対象に自ら影響を与えて、自分自身が研究している歴史的プロセスの中に入り込み、その一部となってしまう」（引用文①）とは、まさにそのことである。

とすると、臨床家は、クライエントを観察しているのではなく、「自分とクライエントとの共同作業の成果」を観察していることになる。それは、いってみれば「一緒に芝居を演じている状態（合同劇 Zusammen-Spiel）」（Lorenzer, 1974）であり、のみならずその観察（参与観察）でもある。

臨床家は、クライエントに影響を与えるのと同じだけ、逆に、クライエントから影響を受けている。ちなみに、ユングも「自分が影響されなければ影響を及ぼすことはできない」と明言していた。

しかし、影響を受けさえすればそれで足りるというわけでもない。それどころか、クライエントに振り回され、クライエントに対する自分の感情に翻弄されてしまっては、とても「観察」にはならない。ということは、観察者は影響を受けつつ、それに翻弄されるのではなく、それを意識していることが求められる。「彼は、治療者として、被観察者に対する自分自身の反応を意識していなければならない」（引用文②）。相手に対する自分自身の感情的反応を意識しつつ、それを観察の道具として使いこなすことが求められるのである。

2 「転移／逆転移関係」の理論モデル——巻き込まれ・距離を取り・応答し合う

さて、以上のようなエリクソンの洞察は「転移／逆転移関係」を原風景としていた。その〈観察者自身の主観的反応〈感情的反応〉は「逆転移感情」をモデルとした。

では、あらためて「転移／逆転移関係」とは、いかなる関係であるのか。[1]

まず、「転移（transference）」と名のつけられた感情は、ごく素朴に見れば、〈クライエントが臨床家に対して抱く感情〉である。ところが、その感情の中に、過去の複雑な人間関係が反映している。ということは、クライエントは面接状況において、臨床家を相手にしながら、実は「過去の対人関係を追体験している」ことになる。一応そのように理解した上で、しかしいくつか注意が必要である。

第一に、「過去の再現」とはいうものの、それは「思い出すこと」ではない。むしろ、それは現在の経験であり、面接状況の中で、臨床家との関係として体験される。例えば、幼児期における父親との関係に由来する感情が、記憶としてよみがえるのではなくて、臨床家との関係の中で、現在の出来事として経験されるということである。

しかも第二に、そこで再現されるのは、体験や感情ではなく、そうした感情を生じさせるに至った「関係性の全体（場面・状況）」である。例えば、父親との関係としてみれば、父親との実際のやり取り（対人関係）と同時に、心のうちなる父親イメージとの関係（対象関係）も含みながら、無意識のうちに臨床家を父親と重ね合わせ、あるいは、〈臨床家と自分の関係〉を〈父と自分の関係〉と重ね合わせる仕方で、関係性の中の役割分担が転移される。いわば、過去にあった芝居の舞台が、そのまま臨床家との臨床関係に持ち込まれ、臨床家にはその舞台に即した役割が押しつけられる。クライエントは、そうした役割を臨床家に「演じてもらう（演じさせてしまう）」ことによって、過去の関係性を現在の経験として生きることになる。転移するのは感情ではなく、関係性なのである。

第三の注意は、転移感情に含まれる、この「演じてもらう（演じさせてしまう）」という機能である。それは「投影同一化 projective identification」と呼ばれる。

クライエントは、臨床家に、ある役割を「演じてもらう（演じさせてしまう）」。いわば、臨床家の内にある感情を引き起こし、そうした感情を体験させてしまうのである。

それは「投影 projection」とも似ているが、より深く臨床家を巻き込んでいる。投影という機能は、自分の心の内容を相手に投げかけはするものの、それがクライエントひとりの思いこみに留まるのに対して、この投影同一化と名のつけられた関係性は、（いわばその思い込みが相手の内に侵入し）臨床家にその感情を演じさせてしまう。しかも臨床家はその感情を、まさに自分自身（臨床家自身）の感情として体験してしまうのである。

例えば、クライエントの心の中の怒りが投影同一化されると、臨床家は、それを自分自身の怒りとして体験する。クライエントの内に怒りを見るのではなく、自ら怒ってしまう。クライエントの怒りが投影されていると感じるのではなく、まさに、自ら怒ることを余儀なくされる。臨床家は、クライエントによって押しつけられた役割を、無意識のうちに演じることになり、クライエントがしむけてきた感情を、自分の心の動きとして体験するのである。

そして、まさにその時、クライエントは（そうした臨床家の内に）自分の姿を見る。

クライエントは、自分では対処することができずに意識の外に排除した感情を、臨床家に押しつけ、臨床家に体験させることによって、文字通り臨床家の内に、自分の姿を見るということである。

しかし、これが臨床家にとって極めて困難な仕事であることは、想像に難くない。理想的には、臨床家は、そのように投影同一化された感情を受け取り、クライエントが受け入れられるようになるまでしばらく預かり、クライエントが受け取りやすいように投げ返してゆくことが期待されている。しかし、そうした「預かり（留めおき）」は、クライエントに巻き込まれ、振り回される危険と抱き合わせである。臨床家がクライエントに「のっとられる」とは、あながち誇張に過ぎた比喩ではなくて、まさにこうした投影同一化に巻き込まれ、自分を失う危機感として理解されるのである（氏原ら、一九九七）。

さて、「逆転移（対抗転移）counter-transference」とは、さしあたり、クライエントからの転移に応じて（対抗して）生じてくる臨床家の側の感情的反応と考えてよい。

この「逆転移」をどう取り扱うかという問題こそ、フロイト以来、技法としての精神分析にとって最も困難な課題であり、今日でもさまざまに議論されているが、そのひとつ、ロンドンの精神分析医ラッカーは、次のような分類を試みている（Racker, 1968）。

まず、「神経症的逆転移」と「適正な逆転移」を区別する。

「神経症的逆転移 the neurotic counter-transference」は、臨床家自身の心理的問題によって生じた感情であって、臨床家が自らの幼児期の感情に捕らわれていたり、自分の心の分析されていない部分や十分に統合されていない未解決の感情と同一化したままでいることから生じる。例えば、臨床家が、そうした幼児期の感情に駆り立てられて、クライエントに依存を強めてみたり、逆に、クライエントに復讐したくなったり、あるいは、そうした感情に対して病的なまでに防衛的であったりする。いずれにせよ、臨床家は、そうした心の動きを十分意識することがないまま、臨床関係を引き金に生じてきた自分自身の無意識的な心の動きに翻弄され、結果として、臨床関係に悪い影響を及ぼすことになる。こうして、神経症的逆転移において、臨床家は、自分自身の問題とクライエント自身の問題を区別することができないままに、クライエントの姿が見えなくなり、クライエントの要求に適切に反応する能力を曇らせてしまうというわけである。

こうした「神経症的な逆転移」は、M・フォーダムのいう「幻影的な逆転移 illusory counter-transference」とほぼ対応すると見てよいが、この問題を論じたランバートは、興味深いことに、そうした臨床家の反応を「逆転移」と呼ぶことそれ自体に疑義を呈し、それは単に「神経症的反応 a neurotic counter-response」と呼べば、それですむという。なぜなら、それは、クライエントからの転移に応じて返答される逆転移ではなく、臨床家自身の未解決な感情に起因する神経症的な反応に過ぎないからというのである（Lambert, 1972)。

その点から見れば、この「counter-」に「逆―」という訳語を当てたのでは、意味が十分に伝わらないことになる。むしろ、「カウンター」には、「対となる・向き合う・応じ合う」といった意味が込められ、転移・逆転移はワンセットとなって初めてひとつのやりとりとなるような、応じ合い・響き合う関係性（コミュニケーション）を意味する。そして、まさにその意味において、この神経症的逆転移は、そうしたやり取りを壊してしまうような、臨床家の側の心の動きとして理解されるのである。

さて、「適正な逆転移 counter-transference proper」とは、まさに、そうしたやりとりの（応答し合い・響き合う）関係性であり、クライエントからの転移に応じる仕方で返される臨床家の側の心の動きである。ラッカーは、そこにまた二つの側面を見出し、一方を「調和的逆転移」、他方を「補足的逆転移」と名づけている。

「調和的逆転移 the concordant counter-transference」とは、臨床家がクライエントに感情移入し、限りなく同一化した状態である。[2] それは、いわば、自他未分の母子一体感に限りなく近い。「最小の緊張と最大の結合」と表現される関係性である。臨床家は、無意識的なクライエントの感情を自分の感情として感じ（取り入れ）、自分の感情をそのままクライエントも体験していると感じる（投影する）。そこで臨床家は、クライエントが自分では意識しないままに体験している感情までも、感じ取ることになる。例えば、クライエントと出会うたびに抑うつ感を感じるならば、それは、クライエント自身がまだ気づいていない抑うつ感であるかもしれない。

こうして、臨床家は、自分の自我をクライエントの自我と同一化し、自分の超自我をクライエントの超自我と同一化する。しかし、その際ラッカーは、慎重に、「内的対象」は除外する。臨床家がクライエントの内的対象に同一化することはない。あるいは、内的対象に同一化する場合は、もはや「調和的逆転移」とは呼ばない。それは「補足的逆転移」と呼ばれる。

「補足的逆転移 the complementary counter-transference」とは、つまり内的対象への同一化である。そこにおいて臨床家は、クライエントが心の内に抱いている内的対象に同一化し、その内的対象のように感じる。いわば、臨床家は、クライエントにとって「重要な他者」の役割を演じる（演じさせられてしまう）ということである。

そして、臨床家は、そうしたクライエントにとっての「重要な他者（内的対象）」の役割を自ら経験することによって、クライエントが内的世界において「自分」の外に追いやった「他者」（内的対象）

への理解を深めることができる。逆に、クライエントは臨床家のそうした逆転移の内に、自らの意識することのなかった「内なる他者」（内的対象）を確認することになる。

では、なぜ「補足的」と呼ばれるかと言えば、それが「調和的逆転移」を補足する情報をもたらすからである。「調和的逆転移」が、クライエントの「自分」についての情報であったとすれば、「補足的逆転移」は、クライエントの「他者（内的対象）」の情報なのである。

さて、以上のような「逆転移」の整理は、実は、〈観察者自身の主観的反応〉を分析整理していたということである。言い換えれば、〈観察者自身の主観的反応〉に含まれる一般的問題が最も鮮明な形で姿を現わす場面こそ、この「転移／逆転移」の関係であったということである。あるいは、技法としての精神分析は、まさに〈観察者自身の主観的反応〉に含まれる問題性を意図的に使いこなす技法であったが故に、「人が人を理解する」という一般的な方法論的問題に対して、極めて重要な示唆を与えているということである。(3)

3　転移／逆転移関係における解釈の問題——リクールとハバーマス

さて、「転移／逆転移関係における観察」をめぐって、哲学の領域では、いかなる議論がなされているのか。精神分析（理論・実践）を人間理解の問題（とりわけ解釈学の問題）として検討する作業は、P・リクールの名著『フロイトを読む』（Ricœur, 1965）以来、活発な議論が続いているが、ここではリクールとハバーマスの議論を（当面する課題に限って）見ておくことにする。

邦訳名『フロイトを読む』は、その原著名*De l'interprétation, essai sur Freud*が示す通り、精神分析における解釈の機能を中心に検討したものであるが、その主要な論点は「夢分析」の解釈にあった。すなわち、無意識が言語に翻訳される場面において解釈がいかに働くか。意識されることのなかった無意識領域が、いかに言語の網の目に納まり、ひとつの意味を持ったまとまりとして意識の内に現れてくるか。そこにおける解釈の機能が主題となっていた。

ということは、その解釈は、いわば夢を見た当人の意識の作業であって、臨床家（分析家）による解釈ではなかった。つまり、〈当人の自己理解〉における解釈は主題であったが、〈相手を理解する〉という問題状況における解釈問題は主題となっていなかったということである。むろん、臨床家も登場するのだが、それは「いかに相手を理解するか」という問題であるよりも、あくまで「無意識がいかに言語に現れるか」という問題における一契機にすぎなかった。つまり、それは「臨床家がいかにクライエントを解釈するか」という技術的関心に答えるものではなかった。したがって、夢解釈においては「転移／逆転移関係」が主題となることはなかったのである。

もしリクールの話がそこで終わっていたならば、それは、フロイトの有名な忠告の再確認にすぎなかったことになる。「転移を扱う作業は全治療の中でもっとも困難な部分である。それに比べれば、夢の解釈、無意識の思考と記憶を引き出すことなどは、たやすく学べるものである。」（フロイト、一九〇五）

しかし、リクールが「転移／逆転移関係」を知らないはずはない。それどころか、精神分析がまさに臨床家とクライエントとの人間関係を通してのみ成り立つことを、逆に極めて印象的に浮き彫りにしているのである。

『フロイトを読む』第三編第一章「認識論：心理学と現象学の間」は、精神分析を現象学の言葉で読み直した箇所である。「転移／逆転移関係」は、その最後に「相互主観性」の問題として登場する。その中でリクールは、精神分析が「相互主観的関係性を技法として扱うことについてはいくら驚いても驚き過ぎることはない」と強調する（Ricœur, 1965, p. 395、邦訳四三五頁）。技法としての精神分析は「転移の操作」を要点とする。ということは、相互主観的関係性そのものを、治療の技法として操作しようとする。自分自身が当事者の片方である人間関係を、治療をめざす技術（治療法）として使う。それは現象学の立場とはまったく異なると強調するのである。

そうした驚きは、いわゆる「解釈学的循環」との関連においてより明瞭に理解される。解釈は解釈行為以前の関係性（解釈に先立つ先行理解）によって規定され、逆に、その関係性は解釈行為によって変化する。臨床家は、自らの解釈行為がこうした循環の中に（既に常に）巻き込まれていることを承知している。のみならず、自らが巻き込まれているこの循環そのものを、むしろ自覚的に操作し、治療という目的のために意図的に使いこなそうとする。そうした意味において、「転移／逆転移関係における解釈」が、人間理解に内在する解釈学的循環の極めて特殊な実践（「実験場」）であることを、リクールは確認しているのである。

加えてもうひとつ、その時、クライエントの欲求を満足させずに欲求不満のままにしておくという点にも、リクールは驚きを表明する。臨床家は、クライエントの転移に応えることなく、むしろ、満足させないことによって治療を成り立たせる。欲動のエコノミーという観点から見れば、神経症の症状は、欲求不満の代理形態である。その代理形態がうまく機能している限り、治療を求めることはない。逆に、その代理形態がうまく機能しないからこそ、治療への欲求が生じる。もし臨床家が、クライエントからの転移に応え満足を与えてしまうならば、クライエントの治療を求める欲求を減じてしまう。したがって、治療のためには、常に欲求不満を新たに作り出す必要がある。「この欲求不満の技法は、現象学者から見ると、精神分析の方法の最も驚くべき側面である。」(Ricœur, 1965, p. 404、邦訳四四一頁)

この二つの指摘こそ、まさに「夢分析の解釈学」には見られなかった次元、「転移/逆転移関係」における解釈学の本質を捉えたものということになる。ちなみに、ドイツの哲学者A・ロレンツァーは、「水平解釈学」と「深層解釈学」という用語を使いながら、無意識を言語にもたらす次元を「水平的」、転移関係の中に自ら巻き込まれながらその転移を操作する中でなされる解釈を「深層的」と呼ぶ。より正確には、〈批判的—解釈学的な言語を通した理解〉と〈直接的—生活実践的な合同劇〉という区別を立てた上で、両者が合わさって初めて「深層解釈学 Tiefenhermeneutik」が成り立つという(Lorenzer, 1974, S. 139、邦訳一四四頁)。

ところで、社会哲学のJ・ハバーマスも、『認識と関心』に収められた論文(「メタ心理学の科学主義的自己誤解——一般的解釈の論理について」Habermas, 1968、第一一節)の中で、精神分析の解釈の妥当性について詳細な検討を行っている。中でも興味深い議論は、治療関係の中で、臨床家の下す解釈が正しいとか、誤っているとはどういうことなのか、という問題である。

例えば、臨床家の下す解釈を、クライエントが拒否した場合、その解釈は誤っていたことになるのか。クライエントの拒否には、多様な意味が含まれている。その拒否は解釈によって呼び起こされた抵抗であるかもしれない。その場合、この抵抗としての拒否は、むしろ解釈が正しかったからこそ生じたことになる。あるいは、クライエント自身には、まだ明らかになっていない部分を指摘されたための異議申し立てであるかもしれない。そうであれば、クライエントの拒否が臨床家の解釈を否定することにはならない。

では、逆にクライエントが肯定したら、解釈の妥当性は保証されるのか。

その場合もまた、肯定しておけばそれ以上の深い追求を避けることができるという、クライエントの無意識的な抵抗であるかもしれない。肯定が意味を持つのは、クライエントがすぐに続けて新たな記憶を思い出し補足する場合のみであるというフロイトの言葉が思い起こされる。

では、クライエントの症状が消失したら妥当性は保証されるか。その場合でも、むしろ、より捉えにくい別の症状に変わっただけという可能性が残るから、それで解釈の妥当性が保証されるわけではない。

では一体、解釈の妥当性が保証されるのは、いかなる時なのか。

ここでハバーマスは「自己適用 Selbstapplikation」という原則を持ち出す。臨床家による解釈は、クライエントによる自己探究に適用されて、はじめて有効な情報になる。クライエントに関する認識が、クライエントにとっての認識となり、クライエントが「この認識を通して解放され主体となるのでなければ」、臨床家はクライエントに関する認識を得たことにならない。

彼（臨床家）は、患者（クライエント）が自分では物語ることのできない歴史のために、解釈を提供する。その提案は、患者がそれを受け入れ、その助けを借りて自分自身の歴史を物語ることによってしか、検証されることがない。症例の解釈は、中断された探究プロセスを継続させることができた場合にのみ、妥当性を獲得するのである。(Habermas, 1968, S. 318、邦訳二七四頁)

この「探究プロセス」とは、いうまでもなく、〈クライエントが自らの内的抵抗と闘うプロセス〉のことである。ということは、ハバーマスのいう「自己適用」の原則とは、〈クライエントが自らの抵抗と闘うために自らに適用する限りにおいてのみ、解釈の有効性は保証される〉という意味であったことになる。(4)

興味深いことに、リクールもハバーマスも、精神分析の哲学的検討を行うことによって、逆に、その治療の実践的特徴を鮮明に浮き彫りにした。

リクールも「重要なことは患者が知らなかったことを知るようになることではなくて、抵抗と闘うことである」(Ricœur, 1965, p. 399、邦訳四三七頁)と明言する。

治療は、無意識内容の意識化を目指すのではなくて、むしろ、そうした意識化を妨げようとするクライエント自身の内的抵抗と闘うことを目指している。しかし、そうした「抵抗との闘い」は、まさに臨床家との関係の中にこそ現れる。その関係の中で(臨床家に対する抵抗という形で)はっきり体験される内的抵抗と闘うことが、最も重要な課題となる。そして、その場合、抵抗と戦い続けるとは、臨床家との関係を新しくしてゆくこと、それによって新しい関係性を経験してゆくことと理解されるのである。

なお、この文脈において「徹底操作」という訳語が定着している用語 Durcharbeiten (working through) には注意が必要である。「徹底操作」という訳語では、〈臨床家がクライエントを徹底的に操作すること〉と誤解される恐れがあるが、この Durcharbeiten（working through）は、まさに〈クライエントが自らの抵抗と徹底して闘う作業〉を意味する。つまり、治療関係の目標を示す重要な用語なのである。

4　応答するやりとりにおける訓練された主観性――観察の道具としての観察者

さて、以上の考察を踏まえた上で、〈観察者の主観的反応〉の問題に戻る。「人が人を理解する」場面において、〈観察者の主観的反応（すなわち「逆転移」）〉は必要不可欠であった。ではいったい〈観察者の主観的反応〉を「使いこなす」とはどういうことか。あるいは、それを使いこなすためには、いかなる力量が求められるのか。

臨床家は、相手と接している時の自分の感情的反応を大切にする。自らのそうした反応こそが、相手を観察するための大切な「道具」になる。エリクソンは、そのことを「観察の道具としての観察者 the investigator as an instrument of investigation」と表現した。その「道具」の具体的内容が「逆転移感情」の問題として検討されてきたということである。

検討を通して明らかになったのは、まず、必ずしも、観察者の心に湧き起こるすべての感情的反応が観察の道具として有効であるわけではない、という点であった。観察の道具として有効なのは、クライエントの側の転移と呼応し合い、やりとりとなっている場合、それが「逆（カウンター）」という言葉に込められていた。それと反対に、観察の道具として有効でない（例えばラッカーが「神経症的逆転移」と名づけてみせた）感情とは、そうした応答するやりとり（コミュニケーション）の流れを止めてしまう、臨床家の側の心の動きであった。

つまり、「転移／逆転移」は応答し合う関係であることが求められた。しかし、それは臨床家とクライエントが完全に対等な関係にあるという意味ではない。では、どの点において異なるのかといえば、臨床家には逆転移感情をしばらく「留めておく」力が求められた。

クライエントは転移の中で、自分では対処できずに排除した感情を、臨床家に押しつける。臨床家はその感情を受け取りながらも、すぐに投げ返すのではなく、機に応じて、しばらくそれを預かっておく。クライエントが受け入れやすくなるまで待つ。あるいは、保持することが求められる。より正確に言えば、保持することが大切なのではなくて、保持する必要がある場合には保持することもできる（そうでなければ即座に反応することもできる）という意味で「自分の感情との距離の取り方」が大切になる。

エリクソンが「訓練された主観性 disciplined subjectivity」（Erikson, 1965, p. 53）という言葉に託したのは、まさにこのこと、自分の心に湧き起こる感情との距離の取り方を身につけ、それによって自分の感情を使いこなすことのできる、そうした観察者（観察の道具としての観察者）の力量であったことになる。

こうして、〈観察者の主観的反応〉を必要不可欠とする知の営み（臨床科学）において、観察者に求められる力量こそ、この「訓練された主観性」という言葉に託された理念であったことが理解されるのである[5]。

（1）「転移／逆転移」という現象を、フロイト派の精神分析が、個人と個人の二者関係における出来事として理解するのに対して、ユング派深層心理学は「元型の発現」として理解し、元型イメージ（傷を負ったヒーラー）が二人のコンステレイションとして現れると理解する（サミュエルズ、一九九〇、第六章など参照）。

（2）「調和的逆転移」は、いわば、自我境界が低下し、他者性の消失した状態であり、極めて主観的な融合に近い体験ということになる。その意味において、「転移／逆転移」の究極の形は、臨床家がクライエントの葛藤に巻き込まれ、臨床家自身が同様の葛藤に陥ることであるという指摘は正しいと同時に、それ故にこそ、臨床家には「自我を消失してゆくこと」と「自我を保ち続けること」という、相反する二つの課題が求められることになる。

（3）本稿は「臨床家とクライエントとの治療関係」を、人間理解という一面についてのみ考察したものであり、その関係に含まれる多様な特殊性については捨象せざるをえなかった。例えば、この関係は直接的（無媒介的）な心理関係といえるのかどうか。人工的な関係（契約に基づいた治療という共通の課題に向かう関係）はいかなる特殊性を持つのか。また、より大きな社会的文脈の中で臨床家はいかなる特有の権力関係を内在させているのか。あるいは、こうした「転移／逆転移」をモデルに人間理解の一般的問題を考察することの限界についても、十分検討することはできなかった。他日を期すことにしたい。

（4）こうしたハバーマスの検討に対して、科学哲学の立場からグリュンバウムによる詳細な批判がなされている。しかし、また、そうしたグリュンバウムの批判が、臨床という実際の問題状況においては的はずれであるという、スペンスによる指摘もある。（グリュンバウム、一九九六。スペンス、一九九二）

（5）人は人を理解できるか。人が人を理解するに際して求められるセンスは何か。この問いは、繰り返し、私を悩ませてきた。ある時期は、臨床家の言葉に即して考察し（西平、一九九三、第一章）、ある時期は、個人的な体験に即して語り（西平、一九九八）、最近は理解の成り立った地点から逆照射する視点を面白く感じている（西平、二〇〇四）。

引用文献

土居健郎『人間理解の方法――土居健郎選集五』岩波書店、二〇〇〇年。

Erikson, E. H. (1950) *Childhood and Society*. Norton.（仁科弥生訳『幼児期と社会』みすず書房、一九七七年。）

Erikson, E. H. (1965) *Insight and Responsibility*. Norton.（鑪幹八郎訳『洞察と責任』誠信書房、一九七一年。）

S・フロイト『あるヒステリー患者の分析の断片』（フロイト著作集五）人文書院、一九六九年（原著一九〇五年）。

S・フロイト『分析医に対する分析治療上の注意』（フロイト著作集九）人文書院、一九八三年（原著一九一二年）。

A・グリュンバウム『精神分析の基礎――科学哲学からの批判』（村田純一ら訳）、産業図書、一九九六年。

Habermas, J. (1968) *Erkenntnis und Interesse*. Suhrkamp.（奥山・八木橋・渡辺訳『認識と関心』未来社、一九八一年。）

Lambert, K. (1972) Transference/Counter-Transference, *Journal of Analytical Psychology*, **17**(**1**).（山口素子訳「転移／逆転移――同態復讐法と感謝」『岩波講座　精神の科学　別巻』一九八四年。）

Lorenzer, A. (1974) *Die Wahrheit der psychoanalytischen Erkenntnis*. Suhrkamp.（河田晃訳『精神分析の認識論』誠信書房、一九八五年。）

西平直『エリクソンの人間学』東京大学出版会、一九九三年。

西平直『魂のアイデンティティ』金子書房、一九九八年。

西平直「他者理解とその「成就」――世阿弥「離見の見」を手がかりとして」『人間性心理学研究』二二巻一号、二〇〇四年。

H・ラッカー『転移／逆転移』（坂口信貴訳）、岩崎学術出版社、一九八二年。

Ricœur, P. (1965) *De l'interprétation, essai sur Freud*. Editions du Seuil.（久米博訳『フロイトを読む』新曜

社、一九八二年。）

P・リクール「精神分析と解釈学」（久重忠夫訳）、『思想』一九七八年二月号。

Ricoeur, P. (1986) The Self in Psychoanalysis and in Phenomenological Philosophy, *Psychoanalytic Inquiry*, 6(3), 437–458.

A・サミュエルズ『ユングとポスト・ユンギアン』（村本詔司・村本邦子訳）、創元社、一九九〇年。

D・P・スペンス『フロイトのメタファー――精神分析の新しいパラダイム』、（妙木浩之訳）産業図書、一九九二年。

鑪幹八郎（監修）『精神分析的心理療法の手引き』誠信書房、一九九八年。

氏原寛・成田善弘（編）『転移／逆転移――臨床の現場から』人文書院、一九九七年。

鷲田清一『「聴く」ことの力――臨床哲学試論』TBSブリタニカ、一九九九年。

幕間劇3　出会いのゼロポイント

「立教大学フィリピンキャンプ・一九九三」

昨年（一九九二年）に続いて、今年もフィリピンキャンプに行ってきました。ルソン島北部の深い山の中、マウンテンプロビンスの少数民族、イゴロットの村でのホームステイ。二〇歳前後の学生たちにとっては、からだの根っこに触れるような日々であったと思います。むろん、私にとってもキャンプはいつも強烈。からだ中の細胞が激しい新陳代謝を繰り返しました。その中でまた、いろいろ感じ、考えたのですが、なぜか今年はひとつの言葉が私をひどく悩ませました。「見る」ということ。フィリピンを見る、あちらの暮らしを見るということ。本当の意味でフィリピンを見るとは、一体どういうことなのでしょうか。

ホームステイを終えたプログラムの最終盤、マニラに戻って「有名な」スラム地区、スモーキー・マウンテンを訪ねた時のことでした。

「貧しいフィリピン」という言葉は、何度も聞いていましたが、その「貧しい」という言葉の裏側に、これほど人を混乱させる現実が潜んでいるとは知りませんでした。

正直なところ、私は目も鼻も、こころもからだも一杯になってしまって収拾がつかず、ただ混乱。

頭の中はグシャグシャでした。

ゴミの山。腐った生ゴミ。朽ち果てた生活廃材。一面に散らばるビニール。そのゴミと共に生活する人々。強烈な匂い。「臭い」とか、「匂う」という日本の言葉にはとうてい収まり切らない、強烈にしみ込んでくる異臭。その中でゴミの山から再生可能な廃品を選び出して生計を立てる人々。そこで住み着き、妻をめとり、子どもを育てる人々。

その「村」に入り込んだ時、私はその人々を「見て」いいのかどうか、戸惑ってしまったのだと思います。

私たちにできたのは、せめて「鼻を覆わない」こと。そこに住む人達は、よそ者が来て鼻を覆って遠巻きに見てゆくのを嫌がるというのです。当たり前のことです。でも、ガイド役の女性からそう教えられなければ、私たちは間違いなくタオルで鼻を覆い、顔をしかめてその中に入って行ったに違いありません。

もうひとつの驚き。というより、私を「苦しめた」のは、そのゴミの中で子どもが育っていたことでした。一人の男が生活のため、やむを得ずゴミの中で暮らすのは納得できます。男や女が住み着き、そこで生活してゆくというのも、まだわかります。どんなに困難でも、自分で選んで来たのです。

でもそこで生まれ、そこで育つ子どもたちは違います。彼らは生まれた時から、このゴミの中で暮らすのです。この「異臭」を〈うち〉の臭いとし、ゴミからわき出るメタンガスを〈故郷〉の光景として育つのです。

子どもたちは、やんちゃそうな顔で笑っていました。でも、時々、ボンヤリこちらを見ていました。

この子どもたちも、その成長過程のどこかで、「なぜ僕はこんな所で暮らしているのか。こんな家の子どもに生まれたくなかった」と、親に向かって、つらい言葉をぶつけるのでしょうか。その時、親は何と答えるか。自分の生活と子育てに「自信」と「誇り」を持って子どもに向かえるか。

そう考えたら、人間の営みの悲しさを感じて、たまらない気持ちになりました。

——いくらなんでも、あれはひど過ぎる。もう少し〈まともな〉所があるだろう。

——でも、あの人達はあの人なりに〈幸せ〉なんだ。通りすがりの者が、勝手にあの人達を〈かわいそう〉といえるのか。私たちから見ればひどい状態でも、その中でも人間は〈喜び〉を見いだせるはずだ。

——でも、あの状態に〈満足〉するなんて、悲し過ぎないか。あれを認めてしまうのは、人間の尊厳に反することではないか……。

学生たちのミーティングに同席しながら、私もただ混乱するだけでした。

写真に撮る

しかし、私を本当に悩ませたのは、もうひとつ別の問題でした。それは「写真に撮る」ということ。その行為の中に〈収奪〉、いわば〈搾取〉を感じてしまったのです。

私は、スモーキー・マウンテンに入った時から、得意でもないカメラのシャッターをひたすら押

ゴミの中で生活する「人々」（スモーキーマウンテン，マニラ）

していました。学生たちにはカメラが許されていなかったこともあります。記録しておかねば。せっかくの体験を、せめて写真に残さねば。この場面を思い出すキッカケぐらいは残しておかねば。そんな「使命感」だったのかもしれません。

でも、どこかで、それは言い訳にすぎないことも知っていました。実は、この現実を直視できずにいる。レンズを覗きシャッターを押すという、その手作業の中に逃げ込む仕方で、この現実と直接触れることを避けている。そのことにも何となく気づいていながら、でも、取り憑かれたようにカメラを握っていたのです。

ところが、不思議でした。ゴミの山は撮れるのですが、そこの人々にはカメラを向けられないのです。

ガイドの人からは、写真の許可を得ていました。問題ない、と言われていたのです。

でもそこに住む人々には、カメラを向けられない。それは失礼なこと、人間として許されないこと、人間の尊厳を踏みにじること、そう感じたのです。

彼らは笑っていました。もしくは、私たちのことなど無関心に暮らしていました。「観光客」に慣れているという感じもしました。

でもその姿を撮れないのです。本当は、そうした人々の表情をこそ一番撮りたいのに、それができないのです。

私は怖かったのだと思います。カメラを向けたら「怒られる」ように感じたのです。

でも、その怒りは、彼らから来るのではなく、もっと別の方から、あたかも神の怒りに触れるような、そんな恐怖でした。その人々にカメラを向けて写真を撮ったら、その瞬間、私の体は石になってしまう。そんな恐怖でした。

今こうして、あの時のことを思い返しながら、「やましさ」とか「後ろめたさ」という言葉が思い浮かびます。あの恐怖は、私たちの身のやましさから来る、と説明されれば、一番納得できるのです。

あの人達にとって私たちは何者なのか。生活の只中に、文字通り、土足で入り込んで来て、見るだけ見て帰って行く。そして帰って、すごいところだったと自慢する。結局私たちは、一方的に彼らから奪っているにすぎない。

おそらく、そこに参加した誰もが感じたにちがいない、このやましさ。

その象徴が、人々を写真に撮る（捕る・盗る）という行為だったのだと思います。だから怖かった。何枚も隠し撮りしながら、結局一枚もそこに暮らす人々の表情は撮れない。そして、そのつど逃げるようにその場を走り去っていたのだと思います。

しかし、もし、写真に撮ることが、彼らの中から何かを〈奪うこと〉であるとしたら、もう一歩手前の〈見る〉ということそれ自体も、奪うことにならないか。

一方的に観察し、勝手に見てまわって、帰ってゆく。見られる側からすれば、いい迷惑。勝手にじろじろ見られ、興味本意に書き立てられて、結局彼らの手元には何も残らない。情報を奪うだけ奪って逃げてゆく。それは、略奪と何も違わない。

しかし、もし〈見る〉という行為それ自体が、奪うことであるとしたら、フィリピンの暮らしを〈見たい〉と思うその気持ちも、やはり、奪うことになるのか。奪うことなく〈見る〉ことはできないのか。

噎《む》せ返るような異臭の中、茫然自失の学生たちと、ゴミの山をトボトボと歩きながら、私はそんなことを考えていました。

東京に帰ってきてから、長倉洋海『フォト・ジャーナリストの眼』（岩波新書、一九九二年）を読み直して、びっくりしました。そこには、スモーキー・マウンテンに暮す人々の写真が何枚もあったのです。しかも、その写真の表情がすごく愉快で生き生きしていて、それまで固い思い出になっていたスモーキー・マウンテンが、初めてやわらぐように感じました。

長倉さんは「彼らと一緒に過ご」し、「何かを共有する」なかで、最後に、「貧しいスラムをより貧しく撮るのではなく、人々の〈暖かさ〉や〈誇り〉にこそシャッターを切る価値がある」という思いにたどり着いたのだそうです。

「写真を発表するだけでなく、撮った写真を撮られた人に見てもらいたいとも思う。写真を手渡し向こうがよろこんでくれると、こちらもうれしくなる。」

わかった、と思いました。ぼんやり感じていたことを言い当ててもらえた感じでした。私が、スモーキー・マウンテンの人々を撮ることができなかったのは、まさに、撮った写真を「また見せに行く」関係になっていなかったからです。それにはまだ、機が熟していなかったのです。

撮った写真を撮られた人に見てもらう。そこまで含めて、初めて写真が、相手との「やりとり」になる。

〈一方的に撮る〉のでない〈相互のやりとり〉。〈私が彼らを知るのと同じだけ彼らも私を知る〉関係。それを〈出会い〉と言うならば、私はスモーキー・マウンテンの人々と出会うことはできなかった。だから、写真に撮ることが、やましさになっていたと思うのです。

そのかわり私は、〈その人々を写真に収めることはできない自分〉に気づくという仕方で、彼らと私との関係を〈見た〉。それは悲しい関係であったけれども、正確な観察であり、その意味では、やはり私もその人々と触れることができたということかもしれません。

ホームステイ

では、どうしたらフィリピンの人達と本当の意味で〈出会う〉ことができるか。

期待と不安をもってホームステイへ旅立つ朝（サガダ村）

まさにそのために、このフィリピンキャンプは始められたのです。

フィリピンの人と出会うこと。一方的に見てくるのでない、本当の意味で出会うこと。顔の見える、固有名詞の、個人と個人のつき合いの中に入ること。忘れることのできない関係の中に入ること。

学生たちは、いくつかの村に振り分けられ、ひとつの家庭に、一人で、一二日間泊めていただき、一緒に暮らすのです。

どんな家庭なのか。受け入れてもらえるか。話がなくなって、場が持たなくなったらどうしよう。それこそ不安と期待を抱えて、ベースキャンプ地、サガダ村を旅だって行くのです。

サガダ村には、七年ほど前に電気が来ました。でも、奥の村にはまだ来ていない。ランプとマキの生活です。トイレも「フロ」も空の下。ブタ小屋わきで連日「ライスにインゲン」を食べ続けたりするわけです。

しかし、すべてがそういう家なのではありません。「ラジカセ」でアメリカン・ポップスを聞きながら、冷蔵庫からコーラを飲み放題の家もあります。大切なトリを絞め、ブタまで潰して大歓迎の家もあるのです。

ですから、どの家に行くかによって、その体験はずいぶん違う。しかし、好みや希望は一切なし。まさに「ご縁」としか言いようのないつながりで、ひとつの家庭と出会ってゆくのです。

むろん、初めはうまく合わない学生もいます。でも、それは仕方ない。なんとか工夫しながら、ありったけの魅力と誠実さで、受け入れてもらうしかない。そういう仕方で、フィリピン・イゴロットの人々の胸元に入ってゆくしかないのです。

それは、もはや「見る」を越えています。見るというより、見られる。むしろ、試されている感じです。自分のことを受け入れてもらえるかどうか。いい関係を作ることができるかどうか。失敗すれば自分も傷つき、相手もイヤな思いをしてしまう。

傷つきやすい〈わたし〉の全存在を掛けた出会い。その出会いの〈ゼロポイント〉から始めた関係は、それを通らなかった関係とは全然違う。土台が違う。そのことを、このキャンプの一〇年を越える歴史は語っていると思います。

でも、ステイ先で一体何をするのか。よく聞かれる質問ですが、それは行かないことにはわからない。行った先の家族が何をしろと言ってくれるか。手伝えと言ってくれるか、単なるお客さんとなるのか、果ては一個の労働力となるのか。それは、受け入れ先の家庭次第。正確には、その家庭と学生との関係次第なのです。

何はともあれ、一二日間、一緒に暮らしてくる。出会ってくる。知り合いになって来る。それがこのキャンプなのです。

〈私と相手の関係を見る〉

さて、そうしたホームステイを終えた後の〈ふりかえり〉で、ある学生がこんなことを言いました。

「ステイ先の家族は、私をお客さんとして扱ってくれた。それはありがたかったけれども、私はもっとありのままの、日常の生活を見てみたかった。御客様用のスケジュールではない、ごく日常を体験してみたかった。」

私はごく正直な感想だと思いました。でもどこかに「傲慢」を感じました。もしくは、「無邪気な身勝手」を感じたのです。

それは、受け入れ側の身になれば、わかります。客が来るなら、どうしたって気を使う。気を使うのが自然であって、特別なスケジュールにする方が、この場合「ありのまま」なのです。異国の、しかも経済大国日本のお嬢様を一〇日も泊めるのに、いつもと同じでいる方が、無理なのです。

自分たちの生活が見られてしまう。それを話題にする人がいる。その時、家族の在り方は変わって当然。それを、「あたかも私がいないのと同じに暮らして欲しい」というのは、身勝手な注文だと思ったのです。

つまり、〈ありのままの暮らしを見せてもらう〉方が、よほど難しいということです。それは、深いつき合いの上に始めて成り立つこと。家族同様、ありのままの暮らしを共にさせてもらえるのは、よほど深い関係がなければできないことです。

そうであれば、「客人扱いしないで、ありのままの生活を見せて欲しかった」という無邪気な言葉は、自分のことが見えていたら言えないはず、と思ったのです。

しかし、今こうして思い起こしながら、実はその学生も、そうした我が身の身勝手に気づいていたのかもしれないと思います。もしくは、この言葉によって、何か別のことを語ろうとしたのではないか。

おそらくこの学生は、自分の身を持て余していた。家族の中に、自分をどう溶け込ませたらよいのか分からなかった。だから、〈一方的に見る〉だけになっていた。〈出会う〉に至らなかった。本当は、そのもどかしさを語りたかったのではないかと思うのです。

ところが、そのややこしい問題を全部まとめて相手の側に投影し、「ありのままでいてくれたら良かったのに」と、相手の側の問題として語っていたのではないかと思うのです。

ここで、「生きた相手を見ること」の、ややこしい問題性を思い出します。

生きた相手を見ることは、〈一方的に相手を見る〉こととは、まるで違います。

生きた相手は、つき合わないと見えてこない。つき合ってみて、一緒に喜んだり悲しんだりする中で、徐々にその人が見えてくる。しかし、それが見えてきた時、すでに〈見る〉を越えている。

むしろ、一緒に過ごし、同じ時間を分かち合っている。友達になっている。
そこまで来て初めて「生きた相手」を「見た」ことになる。あるいは、〈相手〉を見るのではなく、正確には、〈私と相手の関係〉を見ていることになる。言葉で説明しようとすると、そんなややこしいことになるのだと思います。

さて、そうすると、フィリピンの暮らしを生きた相手として見るには、ただ行って見てくれれば良いというわけではない。むしろ「観察の道具」としての私たちが、どれほど相手に対して開いているか。防衛的な固さを解きほぐし、傷つきやすいまで（ヴァルネラブルに）やわらかく相手と自分に対して開いているか。どれだけ、相手と共感し合い、響き合う準備ができているか。それが、本当に〈見る〉ことができるかどうかの分岐点であると思うのです。

その上で、もうひとつ。そうした出会いを通して出来上がったフィリピン像が、他のいくつものフィリピン像の中のほんのひとつに過ぎないという点も、忘れるわけにゆきません。気が合う家庭に行った学生も、気が合わなかった学生も、誰も皆、「自分にとって」のフィリピン体験しかしてこなかったのです。

むろん、それこそ大切です。その「自分にとっての体験」を出発点にしなければ、本当の意味で見たことにはなりません。でも、そこに留まっては一面的になります。偏見になってしまいます。

ですから、異なる体験に対して開かれている必要があります。異なる体験に耳を傾け、異なる印象と、一つ一つていねいに重ね合わせてゆくこと。どちらの印象が本物かではありません。どちらも本物。だからこそ、互いに尊重し、その違いに驚けば良いのです。

そしてその先に、書物やメディアを通して、その重ね合わせを広げてゆくことができます。〈私とフィリピンとの関係〉を、南北問題の中に読み広げ、戦争中の出来事とつき合わせ、フィリピンバナナや、農家の嫁としてきたフィリピン女性たちと重ね合わせてみる。そうした想像力を伴った作業が大切になると思うのです。

しかし、自分の実感が消えてしまったら何もなりません。やはり「偶然」の出会いを大切に、その現場の実感から出発するしかない。正確には、その実感と理論の間を何度も往復すること。その往復プロセスの中で初めて、私たちはフィリピンの人達を〈見る〉ことができるのだと思うのです。

〈共感するセンス〉と〈表現するセンス〉

最後にもうひとつ。これもややこしいのですが、〈他人の痛みに共感するセンス〉と〈自分の痛みを表現するセンス〉との連関です。

「ふりかえり」の時など、学生たちの話し方に二つのタイプが見られます。

ひとつは、事実を「客観的」に報告するタイプ。もうひとつは、自分の心情を「情緒的」に語り出すタイプ。その両方がうまく噛み合うとおもしろいのですが、たいてい、どちらかに偏ります。どちらが良い、というわけではないですが、今回気になったのは、前者、「事実を客観的に報告する」タイプでした。

自分が何を感じたのか、その自分の内面に全然触れないことが、不自然で、どこか奇妙に感じられたのです。かなり強烈と思える体験の中で、つらかったり楽しかったり、いろいろ感じたと思われる自分の思いを、一切、語らない。どこかに隠している。体が閉じている。心を閉ざしている。それが、その場ではとても「不自然」に感じられたのです。

確かに体験を報告している。でも、それは、周りのみんなに思いを伝えているのではなくて、義務としてとりあえず報告しておくという感じ、どこか冷たく感じられたのです。

私の偏見かもしれません。ただ、私が感じたのは、ホームステイの期間もこのようにクールだったのか、もしそうだったら、この人は本当に〈見て〉くることができただろうか、ということなのです。

〈他人の痛みに共感するセンス〉は、〈自分の痛みを他人に伝えること〉とつながっているように思います。相手の痛みには共感するが、自分の痛みは語らないというのは、どこか嘘ではないか。自分のことは全然語らなかったとしたら、本当には共感していなかったのではないか。どこかで、心が閉じていたのではないか。相手の痛みを聞くのと同じだけ、自分の痛みを聞いてもらって、初めて本当に聞いたことになるのではないか。そんなふうに感じたのです。

〈他人の痛みに共感する〉こととは、おそらく〈からだ〉のレベルで起こることです。

私が共感しようと意図するのではなく、望むと望まないとにかかわらず、からだの方が共感してしまう。からだが勝手に同調し、響き合い、気がついた時には、かかわりの中に入っている。そんな感じだと思うのです。

もし、こちらは固く立ったまま、思いを伝え返さないなら、響き合いにはなり得ません。仮に、こちらは響いていると思っても、実は相手の側が、一方的に気持ちを送り続け、疲れてしまっているのではないかと思うのです。

見る・知る・わかる・共感する。それを通して、相手を生き生きさせながら、自分も生き生きする。そうした相乗的な関係を可能にするのは、どんな「からだ」なのか、どんなセンスなのか。

あの、やさしく親切で、ホスピタリティ豊かなイゴロットの人達に会うたびに、いつもそんなことを考えてしまうのです。

付記

立教大学「フィリピンキャンプ」は、当時チャプレンを務めておられた大郷博牧師によって、一九八〇年に開始され、途中何度か中断しながら、一九九八年まで、計一五回続いた。私は一九九二―九四年の三年間、このキャンプにスタッフとして参加し、あらゆる意味で鍛えられた。大学教師になりたての私にとって、その体験は、学生との付き合いの原点であるのみならず、自分の研究が試される場でもあった。

ホームステイ先のイゴロット族については、大崎正治『フィリピン国ボントク村』(農文協、一九八七年)が詳しく、戦時中の日本人とイゴロットの人々との関わりについては、新美彰・吉見義明『フィリピン戦逃避行』(岩波ブックレット二〇七、一九九三年)が触れている。また、このキャンプの背景をなす思想(情念)については、大郷博『あぶらむ物語』(きんのくわがた社、二〇〇一年)を参照されたい。

7 実存的時間の風景——ライフサイクルの時間論のために

1 時間の感覚が違う

年をとると一年が早い。年ごとに、一年が短くなってゆく。子どもの頃、年の暮れごとに大人がそんなことを言うのを聞きながら、本当かどうか、自分も早くそんなことを感じてみたいと思っていた。

なるほど、体験的に実感できるように思った頃、こうした体験的な現象に「ジャネの法則」という名前がついていると知って、驚いた。「時間の長さは年齢に逆比例する」などと法則化されているのには、まったくビックリしてしまった(1)。

五歳の子どもにとっての一年間は、これまでの全人生の五分の一の意味。ところが、五〇歳の大人にとっての一年間は、全人生の五〇分の一の意味しかない。したがって、同じ一年といっても、五〇歳の大人にとっては五歳の子どもと比べて、五〇分の一対五分の一、つまり一〇倍も短く感じられることになる。

「かのウィリアム・ジェイムズも同様の見解を述べた」というお墨付きにそんなものかと感心してしまったが、しかし、本当にそうなのだろうか。

常識的にみて、退屈な時間ほど長く感じられ、夢中になっている時間ほど短い。時の過ぎ去るのが早いというのは、充実していた証拠である。ということは、年をとるにつれて、ますます人生が充実してくるということか。逆に、子どもの頃は、体験内容が空虚で退屈なのか。だから一年が長いのか。

このひねくれた問いは、新たな混乱をもたらした。そこを何とか整合的につなぐとすれば、こんなふうに考えるしかないだろう。

子どもの時間は長いといっても、体験している当人にとっては、案外、短い。充実した時間は速く流れ去るが、後から回想すると、驚くほど長い。

逆に、忙しい忙しいと繰り返す大人の生活は体験している間は短くないのに、思い出すとごく短い。空しい時間はその時はなかなか過ぎ去らないにもかかわらず、思い出すと、ごく短く感じられてしまう。

ややこしいが、そう考えれば、何とか説明はつく。少なくとも「時間の長さは年齢に逆比例する」という法則には、このぐらいの但し書きが必要なのだろう。

この、時の充実ということをめぐって、ある友人と話をしていておもしろいと思ったことがある。彼は中国社会史で活躍中なのだが、彼が言うには、今やっている研究は子どもの頃の遊びに比べれば、まだまだ物足りない。砂場で夢中になって遊び、色紙を切ったり張ったりしていた時のあの創造性に比べれば、今はまだまだ、とてもそこまで高まりがないと言うのである。

わかるような気がした。しかし、私の実感は違っていた。

私は子どもの頃、遊んでいて楽しかったには違いないが、時々心ここにあらずであった。今から思えば、心のどこかで、これはいずれ大きくなってもっと意味あることをするための準備なのだろう、と思っていた。いずれ、もっと充実した、高まりのある時が来る。そんなことを感じていた。

というより、それは今でも同じであって、こうした文章を書きながら、これはいずれもっと意味ある仕事をするための準備に違いないと、心のどこかで思っている。いずれ、すごい時が来る。今はまだ、そのための準備に過ぎない。そういう仕方で自分に言い訳をし、完全燃焼を先送りしているのだろうか。

こうした感覚レベルでの違いが、深いところでその人生観や歴史観、さらには来世や終末といった信仰上の問題と結びついていることは、おそらく間違いないだろう。

例えば、期待の先送り感覚と再臨待望。終末論的歴史観。子どもの頃が最高で、後はその模倣にすぎないとする感覚とプラトン的なイデアの想起。仏教的な末法思想。

そうした関連は、予想はつくのだけれども、しかし、簡単には手がでない。時間論と人生論の関連を抽象的な理論ではなく、さりとて、私的な思い出話にするのでもない、心のかよった言葉で明晰に筋を通してゆく仕事。それはそのまま、ライフサイクルの途上を歩みつつある者が、ライフサイクルそれ自身をひとつのまとまりとして、しかもその生成の相において捉えるという、何とも困難な仕事を引き受けることである(2)。

そうした課題をはるか遠くに見定めながら、ここではいくつかの「実存的な時間の風景(3)」をスケッチすることから始めたい。

実存的な時間の風景は、人生段階によってどのように変化するのか。その時間感覚の違いは、各段階での人生展望とどうつながるのか。

例えば、老年期は、「ライフサイクルについて特別なパースペクティブ」を持つという。それは、どんな時間感覚と結びついたものなのか。ライフサイクルを、その旅の終盤から見る時、どのような時間の風景として体験されるのか。

就職と結婚を前にした、人生のひとつの時期。若者とも青年ともいわれるその時期に、人はどのような時の経験をするのか。その時期に固有の時間感覚。内的、主観的、実存的な時間の風景。

しかし、人生を輪切りにしておいて、各段階ごとの時間感覚を並べてみたいわけではない。そうではなくて、時間感覚という視座からひとつの筋を通しておけば、ライフサイクルがその生成の相において、少しは姿を現すのではないか。そんな期待を込めての試みである。

2　子どもの「いま」の風景から

子どもたちは、どのような時間感覚で暮らしているのだろうか。

子どもたちには「いま」がすべて。過去や未来とつながらない、今この時を、そのつど充実し切っている。私たちの目にはそう映る。

しかし、過去や未来と関係のない非連続の「いま」は、どうやら単なる瞬間とは違うらしい。子どもはその「いま」の中に入り込んでしまえば、いくらでもそこに滞在する。遊び始めたらずっと「いま」。「いま遊んでいるところ」。だから、「ママとお出かけ」を描いた子どもの絵の中に、玄関の鍵をかける場面と電車が来る場面とが、同じひとつの「いま」の出来事として描かれる。それは、何の不思議なことでもない。その一連の出来事が、中に入ってしまえば、ずっと「いま」なのである。

そうした時間の感覚を、いわば裏側から捉えたことになるのだろうか。おもしろい報告がある(4)。

三歳の子が、お弁当を食べたくなった時のこと。保母さんが、時計の一二時を示して、「針がここまで来たらお弁当にしよう」と約束した。そこで、その子はもう一度遊んでいて、フト時計を見たら、何と時計の針は一二時を四分通り過ぎていた。「お弁当の時」はアッという間に消えていた。ベソをかいているその子に説明するのは大変だったという。

その子にとって、針が真上に来た「時」が「お弁当の時」。それは特別な「いま」であって、それを見過ごしたら、さあ大変。乗り遅れなのである。そのかわり、一旦この「お弁当の時」を捕まえたら、もう安心。その特別な「いま」はゆっくり広がって、「いま食べてるところ」は、食べ終るまで「いま」のまま、思う存分楽しませてくれることになる。

つまり、一方で非連続な「いま」であり、前後につながってゆかない独立した「いま」でありつつ、しかし他方でその「いま」は、一度捕まえて中に入り込みさえすれば、ゆっくり滞在できる、「持続したいま」なのである。

一応、このように子どもの時間を捉えておいて、立ち止まる。ここから連想される話の展開が、幾通りにも広がってしまうのである。おそらくそれは、時間感覚という視点から、イモ蔓式にでてくる議論のつながりであるのだろう。

まずひとつ。こうした「時を忘れる」体験は、子ども時代に限らない。

むしろ、そうした体験それ自体については、「幸福体験の無時間性」「遊びの無時間性」というテーマのもとにさまざまな議論が積み重ねられている。もしくは、幾多の詩人が、その「時を越えた」体験を言葉のうちに写し取り、深い瞑想を重ねた修行者たちが、言葉を越えた体験として、沈黙のうちに伝えている。(5)

時の中に置かれた人間が、時を超越する。その時間感覚は、「瞬間」と「永遠」という二つの方向に別れながら、日常的な時間感覚と垂直に切り結ぶ仕方で、ライフサイクルを立体的なものにする。(6)

しかしながら、幸か不幸か、子どもたちはそうした時間に、のんびりとひたってはいられない。「早くしなさい。ぐずぐずしないの。サッサとやりなさい、サッサと」。

そうやって「訓練」されながら、学校が待っている。学校は時計の世界。客観的・社会的な時刻に、自分のリズムを合わせて行かねばならないところである。

総じて、子どもの社会化という問題を、すべて時間感覚の視点から捉えると、そこで体験されている子どもの葛藤がより鮮明に見えてくるだろう。例えば、「遅刻」という出来事も時間感覚のズレとしてみれば、子どもの体験している葛藤に、内側から近づけるのではあるまいか。

そして、私たち大人は「時間を守る」ということが、子どもにとっては何かを失うことと引き替えに成立するという事実に、あらためて驚くことになる。時間を守ることは大切であり、みんなと一緒にテキパキ働くことは貴重なことである。しかし、それと引き替えに何かが壊れ、何かを失ってゆく。その悲しみに心を留めるかどうか。それが、子どもを見る目のひとつの分岐点であるに違いない。

ところで、幼児心理学の教えるところによれば、子どもは、時間に関する言葉を使いはじめるに際して、まず未来にかかわる言葉を理解し、その後になって、過去に関する言葉を理解する。(7)「いま遊んでいるところ」の「今」が次第に分化し、「あとで」や「さっき」が使えるようになる時、子どもの心にどんな組み替えが起こっているのか。そして、その時、未来の認識が先立つということは、人間にとって、過去と未来のいかなる非対称性を意味しているのか。

かのメルロ＝ポンティは、有名な論文「幼児の対人関係」の中で子どもの嫉妬を取り上げながらこんなことを言う。(8)

三人兄弟の二番目は、その下に弟が生まれると、しばらく嫉妬する。しかしそのうち、自分を上の兄さんと同一視しながら、自分はもはや末っ子ではなくて、やがて兄さんのようになると気づいて、嫉妬を克服する。「私は末っ子だったが、もう末っ子で（あるので）はなく、私は一番うえにもなることだろう。」「嫉妬が克服されるのは〈過去―現在―未来〉という図式が構成されたおかげ」である。「自分がそのただ中で生きている他人との関係の構造を再構成」し、「それと同時に実存の新しい次元（過去・未来・現在）を手に入れる」というのである。

もしそうであるとすれば、一人っ子は、時間図式の成立が遅れるのだろうか。もし、子どもの家族関係と時間意識の成立とに関連があるならば、〈人間関係〉という横軸と〈時間感覚〉という縦軸との結びつきを理解する、絶好の手がかりになるに違いない。

そしてそこから、話は、時間の比較社会学につながってゆく。(9)

社会や時代によって時間の流れが違っていることは、様々に報告される社会史や文化人類学のモノグラフから、よく知られている。そうすると、そのそれぞれの社会の中へと「社会化」してゆく子どもたちも、やはり、それぞれ異なる時間感覚の葛藤を体験するに違いない。「お日様が真上に来たら集まる」という社会に適応するのと、「八時半以降は一切遅刻」という社会に適応するのでは、訳《わけ》が違う。

子どもの時間意識の成立という発達心理学の研究課題は、実はそのまま、現代社会の時間意識の自己反省を伴って、それとの相関関係において、初めて正しく理解されることになる。

ところが、そう言った途端、私たちはさらに一歩手前の、ややこしい方法論的問題に押し返されることになる。(10)

一体、私たち大人は、いかにして子どもの時間感覚を「正しく」理解できるのか。

子どもたちは、その固有の時間感覚を意識的に表現するなどという、やっかいなことに興味はないから、常に大人が解釈することになる。大人によって、もしくは大人になってから、初めて解釈される子どもの時間。

それが、どれほど子どもの体験している内的・主観的・実存的な現実を「正しく」捉えたものであるのか。そうした難問まで含む仕方で、時間感覚の視点は、ライフサイクルをその生成と関係性の相において捉える、きわめて興味深い切り込み口であるように思われる。

3　ライフサイクルにおける過去という風景

Ｅ・Ｈ・エリクソンに『老年期』という著作がある(11)（*Vital Involvement in Old Age.* 以下 *Old Age* と略）。以前、エリクソン研究と片意地張っていた時期に一度読んだことがあったが、あまり感心しなかった。むしろ、お年寄りの言葉が並んでいるところなどは、理論研究の素材としては扱いにくい、困ったテキストぐらいに思っていた。

数年置いて、再び手に取った時、まったく驚いた。そこには、私が一番読んでみたいと思っていたことが文字になっていた。人のライフサイクルを時間感覚から見る視点。それが、老年期を立脚点にして、実に豊かに描き出されていたのである。

例えば、自分の結婚生活を振り返りながら、それを「肯定的に」回想する二人の女性が出てくる。ところが、実際には、その結婚生活はそんなに肯定される程よいものではなかったと、エリクソンはこっそり読者に教えてしまう。いわゆる縦断研究の形で、彼はこの女性たちから長年にわたって話を聞いてきたから、昔の記録が残っているのである。それによれば、ある時期、夫への激しい非難があり、繰り返して離婚を望み、ごく客観的に見てもかなりの困難を抱えている。

それなのに回想される時には、その困難がきれいに抜け落ち、満足な結婚として思い出される。これはどういうことなのか。この方々は「ボケ」てしまったのか。

エリクソンは、こんなふうに説明する。彼女たちは、自分が「一番思い出したい結婚生活」を語っている。それは、ひとつの態度表明なのだ（*Old Age*, p. 111、邦訳［以下同］一一八頁）。

つまりエリクソンは、この方々の客観的な事実を聞き出すより、むしろ、自分の過去を語るという仕方で今の自分を作りあげてゆく、その現在のアクチュアルな実践的な行為に、共感していることになる。「彼らが避けて通ろうとしたり、無意味だと思う話題について、我々は無理に引き出そうとはしなかった。人生のこの段階にあって、彼らが大切だとみなし、話し合いたいと思った葛藤を通してこの人達を理解することが、我々の目標だったからである」（*Old Age*, p. 26、二四頁）。

そのうえでもう一度、なぜ昔の不満について語りたがらないのか。それは何を意味しているかと問いながら、「おそらく」で始まる文章をいくつかつけ加えている（*Old Age*, pp. 70–71、七五頁、p. 112、一一九頁）。

おそらく、意識的に自分のプライバシーを守ることを望んだのではないか。

おそらく、受け入れがたい場面を否定することで、全体として満足のゆくライフサイクルであったという見方を構築しようとしているのではないか。

おそらく、かつては苦しかった体験も年月を経るうちに新しい意味を持つようになり、時が経つと、心の傷や後悔も大局的に見ることができるのではないか。

それは、もうひとつの印象的な言葉、「結局長い目で見ればあれで良かった」にも重なってゆく。息子の離婚をめぐって、さんざんつらい思いをした頃を思い出しながら語られた言葉。「息子の妻が出て行った時、私たちも、息子と同じほど気が動転しました。しかし、結局長い目で見れば、あれで良かったんだと思います」（*Old Age*, p. 79、八四頁）。

「長い目で見れば」、昔の体験も「あれで良かった」。そうやって、過去を受け入れようとする。受け入れたいと思う。むろん、そう言ったからといって、過去の心の傷が癒されるわけではないだろう。やはりどこかでその傷を残しながら、でも、受け入れる。受け入れることも受け入れないこともできる状況で、受け入れようとする。過去と折り合いをつけ、心の中に統合しようとする。「この人は、息子の二度目の結婚が、最初の結婚よりずっと幸せでしっかりしていると思う、自分の安堵感を言葉にしているのである」(*ibid.*)。

この時、〈過去と折り合いをつける仕事〉と〈現在の人生段階の課題に対応する仕事〉とは、別のことではなくなっている。同じひとつの作業になっている。

そして、それは老人だけの話ではない。

「人は、ライフサイクルの各段階において、それ以前の段階で果たした課題を、その年齢にふさわしいやり方で、新しく再統合しなければならない。現在直面している緊張のバランスを取りながら、それ以前の心理社会的課題を取り入れなければならない」(*Old Age*, p. 54、五七頁)。

その時、過去との折り合いのつけ方が、人生の段階ごとに違ってくる。もしかすると、過去を、現在が次々に脱ぎ捨ててゆく抜け殻として感じる(現在→過去)時期から、むしろ、過去の方から現在に向かって時が逆流し始める(現在←過去)時期への転換があるのかもしれない。もしくは、人生の時々に、その両方が繰り返されてゆくのだろうか。

いずれにせよ、そのそれぞれが、〈現在の課題に対応する仕事〉と深くつながっていることは間違いないし、おそらく、〈将来を展望する仕事〉とも重なり合っているに違いない(12)。

一般に、人の、過去に対する関係は、二面的であり、しかもそのそれぞれが両価的である。一方で、人は、過去を変えることができない。既に生じたことはもはや取り返せない。その意味で過去は、人生の可能性を制限し、固定化する。しかし、逆に言えば、それだからこそ、人は根無し草にならずにすむ。過去の重みこそが、自分の内側の一貫性と整合性を保証し、アイデンティティの根拠となる。過去は、変わらないからこそ意味を持つ。

しかし他方で、見てきたように、人は過去を新たに解釈する。より肯定的に意味づけし直し、今後の人生の踏み台とすることができる。もしくは逆に、輝かしい過去の業績をすべて無にすることもある。例えば、徹底した自己批判。宗教的な回心。過去の仕事を一切拒否して、それに断絶を宣言する。

つまり、過去は現在によって変容する。しかし、まったく好き勝手に変え得るものでもない。人は、過去の単なる奴隷ではないのと同様、過去を好き勝手に処理してしまえる主人でもない。そのどちらでもない、過去をそのつど受け取り直しながら進んでゆく、かのハイデガーが「被投的投企性」と固い言葉で表現した、その存在様式。

その様式の具体的内実が、ライフサイクルの段階ごとに違う。というより、ライフサイクルとはその具体的内容がゆるやかに変容してゆくプロセスであり、時への関わり方が変化してゆくプロセスである。より事態に即して言ってみれば、むしろ時の方が人のうちに現れてくる、そのなまの生成の姿こそが「ライフサイクル」という言葉の描き取ろうとする最も原初的な姿なのではあるまいか。

時が癒すという。しかし、本当に、時は、人を癒すのだろうか。いずれ過去のことになるともいう。時が忘れさせてくれるともいう。しかし、本当に過去の思い出になれば、すべて美しく回想できるのか。心の中で統合できてしまうのだろうか。そもそも、人は、過去を忘れることができるのか。過去から解放されるのか。

精神分析というものの見方の最大の発見のひとつは、この忘却のメカニズム。正確には、忘却したかに見える「抑圧」という心の防衛機制であるだろう[13]。あまりのことに、直視するに耐えられない体験。私たちの心は、多くの場合無意識的にそれを忘れたことにする。見なかったことにする。「自分」の「外」へ押し出さないと、心のバランスが崩れてしまうからである。

しかし、押し出された過去は決して消えはしない。それは心の深層にそのまま抑圧されていて、キッカケひとつありさえすれば、突然、噴出する。許すことも、忘れることも、癒されることもなく、ザックリ口を開けたまま、まさに今現在の痛みを持って突然現れる。心の傷は、四〇年後も、ハガキ一枚で、昔のままの強さを持ってよみがえる。詩人ヴァレリーはそんなことを言ったそうだ。

そうした、心の奥底に冷凍保存されたままの傷。

人は、人生の終盤に、自分の旅路を顧みながら、そうした心の傷を受け入れることができるのだろうか。それとも、やはり最後まで、思い出すだけで、胸が張り裂けそうになってしまうのか。

今ここでは、事実がどうであるかは問題ない。まして、統計的な数字などどうでもよいことである。

そうではなくて、私たちは、この地点でひとつの選択を迫られる。言ってみれば、人生観といったレベルでの、ひとつの選択。

人は、こうした心の傷を背負ったまま、過去を統合できずに終わる。その苦悩になんらの意味も見いだせず、おびえながら、死んでゆく。それが人生の真実。どんなにつらくとも、それを認めないのは、人生に対する不誠実。そう見るのがひとつ。

でも待てよ。仮に人生の真実はそうであったとしても、ゆっくり自分の心と向き合って、何度も何度も痛みを感じ直しながら、少しずつ、過去と折り合いをつけてゆくこともできはしないか。過去を受け入れ、忘れ、そして癒されてゆく可能性がまったくないとしたら、あまりに人生はつら過ぎないか。そうねばってみるのがひとつ。

どちらも、筋は通る。ここからは、私たちの態度表明。自分はどうしたいのか。人生の側から、私たちの方が問われているということである。(14)

4　将来のうちに描かれる風景

夢、希望、憧れ、計画、目標。

何とも明るい響きである。祝辞の決まり文句でもある。そして、人格心理学の教えるところによれば、それは健康なパーソナリティの要件なのだそうである。

例えば、G・オルポートの説明。人格は、未来の目標に向かって進んで行くことによってのみ、全体としてのまとまりを保ち得る。逆に、未来に向かって努力することを止めてしまうと、人格はまとまりを保てず、健康が損なわれることになる。[15]

同じことを、V・フランクルも、あのアウシュヴィッツの報告で言っている。壮絶な極限状況の中、生と死とを分けたのは未来を信じる気力であった。目の前の絶望的な状況に、未来という感覚を喪失し、将来への希望や目標へと自分を向けることをあきらめた仲間たちは、数日以内に、息を引き取った。生き続けることができたのは、将来という時間感覚を持ち得るかぎりにおいてであった。[16]

それは、私たちの日常的な生活感覚に照らしてみても納得できる。疲れ果てた週末は、来週の予定を立てる気にもなれない。予定が立たないから、ますます落ち込む。

だから、将来に向かう時間感覚の大切さはよくわかる。しかし、そのうえで問題にしたいのは、むしろ、そうした「将来のために」しばしば犠牲にされてしまう「いま」のことである。

中学受験をひかえた進学塾で、小学生にリポーターが聞いていた。

「こんなに勉強して、いやじゃない？」

賢そうな男の子が答える。「遊びたいこともあるけど、でも、今苦労しとけば後でラクだから。将来のために今は勉強してると思えば、そんなにいやじゃない。結局自分のためだから」。

表現は少し違っていたかもしれない。しかし、驚くほど大人びた「正解」をスラスラ答えた、その口調は忘れられない。

どこまで「本当に」「わかって」答えているのか。母親から連日聞かされてきたことを、繰り返しただけなのか。それとも、こう答えておけば大人は感心して黙ってしまうことを知ったうえでのことなのか。それとも、こうした受験勉強はそんなに「いや」ではないのか。むしろ、少しは「遊びたいけど」ぐらい付け加えないと可愛げがないから、そこまで計算ずくで答えていたのか。そんな裏の裏まで探りたくなるような、見事な「正解」であった。

しかし、これはなにもエリート小学生だけの話ではないだろう。

「将来のために、今は我慢する」。その美徳は、とりわけ日本という風土の中では、かなり脅迫的（強迫的）に私たちを縛りつけている。

確かに子どもは、ひとつひとつ我慢を重ねることによって、成長する。トイレットトレーニングに始まって、叩かれてもけんかをしないこと、朝寒くても起きること、行きたくなくても学校に行くこと。良く我慢したね、という言葉は、子どもに対する心からの褒め言葉である。そうやって、計画的に行動し、目標への強い意志を持ち、その目的達成のための最善の手段を選んでゆく。それは、そのまま「成長」プロセス。将来のために自分をおさえることのできる、「自立＝自律」した大人の姿であるだろう。

ところが困ったことに、この「将来のために」は、今現在の中には意味を与えない。現在は、将来の目的のためのひとつの手段。あくまでひとつのステップにすぎないことになる。今の努力の意味は、その成果の中に繰り延べられてゆき、「今ここ」の意味は将来の中に先送りされてゆく。今我慢しておけば、後でラクだから。今は、いつでも準備なのである。

さて、そうすると、困ったことになる。目指すべき目標がなくなると、この時間感覚は成り立たなくなってしまうのである。

例えば、受験競争に一段落した大学生。「大学に入るまで、今は我慢」。それを続けてきた学生たちは、もはやその目標がなくなると困ってしまう。何かの準備でない時間の使い方など教えられてこなかった。その目標それ自体を探しながら、今現在を充実させるという、時間の使い方に戸惑ってしまうのである。

確かに、消費の波に乗っかって、刹那的にパッと燃えはする。でも、それは初めだけ。慢性的に、何か満たされないと感じている大学生は、私たちの予想をはるかに越えている。

将来のために今は我慢するでもなく、刹那的にパッとやるのでもない、今この時それ自身を充実させてゆく時間感覚。現在をそれ自身の内側で、完結させる時間感覚。生きがいや遊びの研究の中で、既に何度も確かめられてきたこの感覚を、社会学に倣って「コンサマトリー」と呼んでおくことにしよう。[17]

当然、このコンサマトリーの感覚は、高度に進んだ大衆消費社会の成立と重なり合っている。豊かさという目標に向かってひた走りを続けていた時代が終わり、豊かさをもはや達成してしまった時代の時間感覚。仕事一筋でもなく、明日の仕事のための余暇でもない、むしろ、それ自体が人生の意味であるような、生きがい感。

では一体、コンサマトリーは善玉で、目標めざして努力するのは善くないことなのか。

そんなことはないだろう。どう考えてみたって、努力を重ね、日々精進してゆく姿は美しい。では、目標を目指しつつ、しかも、今に遊ぶバランスは取れないものか。

そんなことを考えている時に、「セレンディピティ」(serendipity) という都合のいい言葉に出くわした。

これは「思わぬものを偶然に発見する才能」「掘り出し上手」「幸運を招きよせる力」を意味する言葉。英国の作家ホレス・ウォルポールの造語、というより、お伽話「セレンディップの三人の王子たち」という題名から、逆に、この言葉が生まれてきたという、おもしろい由来を持った言葉である。セイロンの王子様が探してもいない宝物をうまく偶然に見つけ出してゆくのだという。

その王子様の運の良さに由来するこの言葉は、私たちの言葉では「道草を食う」に近い。道草は楽しい。むしろ、道草だからこそよけい楽しく感じるのだし、貴重な発見に出くわすことにもなる。しかし、行き先がなかったら、道草にならない。目的が決まっているからこそ、道草が道草になる。「余談」が余談としておもしろいのは、本論がしっかりしている時に限るのも同じことだろう。

そうした、本筋の目的とは違うのだけど、それとは別の貴重な発見に出会ってゆく感覚を、この言葉は写し取っている。将来のために目標を目指して努力しながら、しかし、今は我慢するだけではなく、道草して、今を遊んで、本来の目標とは違った充実感を見出してゆく感覚。正確には今を充実させながら、さらに本筋の目標に向かって、ゆるやかに歩き続ける感覚。

そうしたセレンディップな時間感覚が、例えば、「ボランティア」といわれる新しいライフスタイルの根っこにある。そして、人と人とのふれあいを豊かなものにしている。そして、あらゆる形の「オールタナティブな」暮らし方の中には、もしかすると、この時間感覚が共通して流れている。

ある時、卒業を前にした学生たちと話をしていて、「これからが長い」というため息まじりの言葉を聞いた時には、少したじろいだ。

大学卒業。そこからの時間を「これからが長い」と感じる人生イメージ。学校というなじみの、決まったレールがない。これからは、自分で道を決めてゆく。何をしようか。自分は何がしたいのか。自分で決めた道と、ずっとつき合ってゆかれるだろうか。そんな漠然とした不安が、「これからが長い」という時間感覚と結びついているのだろう。

それは、昔ある友人が飲みながら話してくれた「逃げ切れない」という言葉を思い起こさせた。彼は、人生から降りたいと思っていた。就職もしたくない、人にも会いたくない、社会に適応するのもいやになった。押し出されるようにサラリーマンでもやって、考えもせず、漂うように、自分の人生から逃げて行けば、そのまま年をとってゆかれるのではないか。

それが、ある日、逃げきれないと思ったのだそうだ。まだまだ長い。人生逃げきれるものではない。そう「悟った」彼は一念発起し、経済学部をやめ、獣医になるべく再受験の勉強を始めたのであった。

そうした時間感覚、時間展望。

そうした、「青年期の時間的展望」を心理学的に実証しようという試みがあることを知った時は、これまた驚いた(18)。

実験の方法は様々らしいが、例えばそのひとつ、「サークル・テスト」(Circle Test)。過去・現在・未来を円で描いてもらって、その三つの円の大きさや相互の位置関係によって、その時間的展望を調べるという。

この三つの円のうち、例えば過去の円が最も大きければ、この人は過去にこだわりがある「過去志向」。過去が一番小さく、未来に向かってだんだん大きくなってゆけば、未来に開いた時間の展望。さらには、円が互いに離れているか、重なるところがあるか、まったくどれかに含まれてしまっているかどうか、そうしたあらゆる点に細心の注意を払って、調べてゆくのだそうだ。

そうした実験手続きや、その後のデータ分析は、それこそ実証科学の名にふさわしく、細かな数字の並んだ、驚くほど精緻なものであるのだが、それより何より私を驚かせたのは、このテストの「前提」であった。

被験者に配られる用紙には、こう書いてあるという。

「過去・現在・未来がそれぞれ円であらわされると仮定して、あなた自身の過去・現在・未来の関係について、あなたが感じていることを最もよくあらわすように三つの円を描いて下さい。……」

はて、時間は、円で表されるのだろうか。そんなことが簡単に「仮定」されてしまっていいのだろうか。しかも、三つの円で。本当に時間は、過去・現在・未来の三つに独立して区分されなければならないのか。[19]

あの、逃げ切れないとつぶやくように語った友人なら、どんな円を描いただろうか。ひねくれていた頃の彼なら、「時を形の内に閉じ込める傲慢に、私は耐えられない」とでも、一言書いて、出て行ってしまっただろう。

ところで、成人期発達心理学でおなじみのノイガーテン女史によれば、人は、成人期の中頃に、時間感覚の転換を経験するらしい。[20]

「あと何年、自分には残されているか」。

この問いが、ある時期から切実なものになる。定年までの時間。仕事が可能な時間。元気でいられる時間。

そうした意味で、自らの「有限性」を、はっきり実感するようになるらしい。

むろん、そこからどうしてゆくかは、人さまざま。焦ったところで仕方がない、思う存分楽しむことにするか、むしろ、ますます一層仕事に精を出し、日々の勤めを果たすのか、それとも、今まで押えつけていた自分の「影」と、ゆっくり丁寧につき合い始めるか。

そのそれぞれに、家族の問題、仕事の問題、経済的なゆとりの問題などが絡まって、「中年の危機」と名前の付けられた様々なドラマがはじまることになる。

こうした時間感覚の転換は、本人にどれほど自覚されていることなのか。無意識的な領域で、じわりじわりと転換していて、後から見る時、「あの頃変化したらしい」と、気がつくことになるのだろうか。

そしてまた、そうした転換はどんなことをきっかけに始まるのか。生理的な変調なのか、仕事のつまずきなのか、子育ての一段落なのか。何らか象徴的な死の体験なのか。それは、成育年齢と関係あるのか。社会や文化の常識によって、どれほど規定されるものなのか。[21]

ところで、そうした有限性の自覚が、時間感覚の転換をもたらすならば、逆に今度は、その有限性をもう一度乗り越えようとする転換も成り立つだろう。

例えば、わが子の誕生。ましてその子が自分の仕事を継ぐと言い出せば、次の世代に続く仕方で時間の展望は伸びてゆく。もしくは、何らか作品を作る時。個人の死を越え、その先まで残るであろうこの作品の中に、有限性とは異なる時間感覚が成り立ってくる。

そうした死による時間の断絶を越えてゆく時間感覚を、R・リフトンは「象徴的な不死性」と呼ぶ。子孫や家系の中に。信仰による来世の中に。作品やモニュメントの中に。永遠に続く大自然の中に。生物学的な寿命を越えた次元での、象徴的な不死の感覚があるという[22]。

それは、単なる死からの逃避でもなければ、まして病理的なものでもない。この不死性の感覚はエリクソンのいう「基本的信頼感」に近いとすら、リフトンは言う。

こうしてみれば、時間感覚は、そのまま生と死についての人生観と結びつき、コスモロジーの次元と分かちがたく結びついていることになる。

死んだらすべておしまい。そうした絶対的な断絶の時間感覚。この地上は仮の宿り、早く神の御許《みもと》に帰りたい。そうした死生観の根っこにある時間感覚。前世の因果を背負って今世の勤めを果たし、また来世に生まれ変わって修業を積んでゆく。そうした死生観を成り立たせている時間感覚。

はたして、こうした人達は、それぞれどんな三つの円を描くことになるのだろうか。

5 実存的な時間の風景——人生から時間を・時間から人生を

「どんなに今はつらくても、いずれ過去のことになる。今のつらさも、時と共にやわらいでゆく。過去の思い出になってゆく」。そうした、人を柔らかく受け入れてくれる未来は、過去を思い出としてふり返る視点を未来完了の形で、提供する。

「どうしてあんなことを言ってしまったのか。取り返しのつかないことをした」。そうした悔恨の念は、流れ去った過去をもはや取り返すことのできないつらさであり、その過去がそのままこちらに流れ着き、今後の流れを規定してしまう不安でもあるだろう。

「こんな幸せな時は、もう二度と来ないかもしれない」。そうした今の幸せは、今この時の終わりを既に先取りしたところに成り立っているはかなさ故の美しさなのか、単なるセンチメンタルなのか。

時は、流れ、止まり、巻き戻され、先取りされる。そういう仕方で、時は、人の心に現れてくる。

そうした、心に現れてくる時の姿を実存的時間の風景と名づけて、言葉のうちに写し取る。しかも、いくつかの異なる人生段階で、その風景を写しておいて、それを重ね合わせる。すると、そこに時間感覚とでも名づけるしかない、ひとつの流れが見えてくる。時間軸に沿って、流れ、止まり、巻き戻される、内面的・主観的・実存的な視線。

それは、〈わたし〉だけの実存の様式。その人なりの世界の経験の仕方。その人なりの人生に対する態度。

それを、心理学的な知覚とか、社会学的な人生観のタイプとか、実存分析などの形で構造的・静的な方向に深めてゆくのではなくて、ライフサイクルとか、ライフヒストリーとか、発達・成長といった、人間形成の方向に展開してゆく話の筋道。

それは、現象学的・実存論的な視点を、発達論的・生成論的人間研究の中に組み入れてゆく仕事であり、ライフサイクルを歩みつつある当の本人の実感から、ひとつのまとまりとしてのライフサイクルを見てゆく仕事でもあるのだろう。

しかし、実は、問題の立て方が逆だったのかもしれない[23]。

ある哲学者が、道元の時間論を踏まえつつ、『時はいつ美となるか』という不思議なタイトルで芸術論を展開しておられる[24]。

すべて存在するものは、時の中にある。何かが存在するとは、時が、その物として姿を現すということ。「松も時なり、竹も時なり」。それぞれの時の熟し方が、それぞれの存在の姿。ならば、時はいつ美となるのか。美とは、時がいかに現れた姿であるのか。

美はいかなる時間性を持つかではない。まして、人の美的感覚は、いかなる時間的性格を持つかでもない。問いの方向がまるで逆向きなのである。時は、いつ美となるか。

それに倣っていってみれば、私が本当に知りたいと思っているのは、「時はいつ人生となるか」ということ。

人間が、いかなる時間を持つかではない。そうではなくて、時の方が、いかに人間に現れるか。時という、存在の最も根源的な様態が、いかなる姿として現れた時、人はそれに「人生」という名をつけるのか。

もしくは、時がいかなる姿として現れたとき、人はそれに「ライフサイクル」という名をつけるのか。「ライフヒストリー」という名をつけるのか。「発達」という名をつけるのか。

つまり、問いの立て方が逆になる。人間から始めて時に至るのではなく、むしろ、時の方から始めて、その現れとして人の人生を見る。その現れとしての、実存的時間の風景。時が人の人生に現れる場としての、時間感覚[25]。

その時間感覚において描かれる時、ライフサイクルは、より原初的な姿において、なまのまま、文字の内に再現されてくるのではあるまいか。

(1) 宮城音弥『人間年輪学入門』岩波新書、一九八二年、九六頁。

(2) 「人間と時間」に関する文献を集め始めると、文字通り、本の山になる。さしあたり、この文脈において重要なものとして、E. Minkowski, *Le temps vécu. Etudes phénoménologiques et psychopathologiques*, Delachaux et Niestl, 1968, 1ère édition, 1933,『生きられる時間』(中江育生他訳)、みすず書房、一九七二年、O. Bollnow, *Das Verhältnis zur Zeit*, Quelle & Meyer, 1972,『時へのかかわり』(森田孝訳) 川島書店、一九七五年、P. Ricœur, *Temps et récit*, Seuil, 1983–85,『時間と物語 ⅠⅡⅢ』(久米博訳) 新曜社、一九八七―九〇年。

(3) 「実存的時間」という言葉は、川田順造・坂部恵編『ときをとく』(リブロポート、一九八七年) という、「時」をめぐるシンポジウム記録に由来する。「死を前にした想念とか、希望とか、追憶とか、悔恨の中に凝縮されている時間。物理的時間に対して、実存的時間といえばいいのか……。」語られないまま残された課題として、一言、そうした発言がある。

(4) 本田和子『異文化としての子ども』紀伊國屋書店、一九八二年、五八頁に依る。

(5) 「幸福体験の無時間性」については、O・ボルノー前掲書、第一部―C「時間性の突破」並びに、O. Bollnow, *Das Wesen der Stimmungen*, Vittorio Klostermann, 1941,『気分の本質』(藤縄千艸訳) 筑摩叢書、一九七三年、第二編「幸福と時間性」。

(6) 「瞬間」と「永遠」については、さしあたり、波多野精一『時と永遠』岩波書店、一九四三年。かなり古いが、名著であることに違いはない。尚、「瞬間」について、神谷美恵子はさらりと、こんなことを言っている。「人生には、長い年月の間に起こったことの意味が、一瞬のうちに結晶するような瞬間が、ごくまれにあるものです」(『生きがいについて』みすず書房、一九六六年、一三六頁)。

(7) 幼児の言語習得における時間図式の問題については、例えば、国立国語研究所による調査報告『幼児の語彙能力』(東京書籍、一九八〇年)に詳しい。

(8) M. Merleau-Ponty, *Les relations avec autrui chez l'enfant*, Les cours de Sorbonne, 1962,『眼と精神』(滝浦静雄他訳)、みすず書房、一九六六年所収。

(9) さしあたり、真木悠介『時間の比較社会学』岩波書店、一九八一年。

(10) 子ども理解をめぐる方法論的問題については、矢野智司「子ども期」(和田修二他編『人間の生涯と教育の課題』昭和堂、一九八八年)に依る。

(11) E. H. Erikson, et. al., *Vital Involvement in Old Age*, Norton, 1986. 朝長梨枝子他訳『老年期』みすず書房、一九九〇年。こうした類いの書物は、どの人生段階で読むかによって、まるで異なる意味を持つに違いない。私もまた、もっともっと年を重ねてから、あの頃は何も分かっていなかったと、恥じ入りながらこの箇所を読み返すのだろう。

(12) ライフサイクルを、再統合のプロセスと見ることは、結局、ヘーゲル的・教養小説的な、閉じた体系につながるという批判については、今井康雄「ライフサイクルと時間意識」『教育哲学研究』第六九号、教育哲学会、一九九四年。また、その視点から幼児期の思い出が、大人にとって都合よく、例えば「後に彼がなるであろう姿の予告版、もしくは、完成版に至る準備の段階」として、加工されてしまうことへの批判については、森田伸子『テクストの子ども』世織書房、一九九三年。さらに、そうしたライフサイクルイメージが「人間性の実現過程」という「大きな物語=メタ理論」に乗っかることによって、人生途上の多様な出来事を、すべて、ひとつの首尾一貫した、そして平板で退屈なストーリーにまとめあげてしまうことへの批判は、鳶野克己「『拠り所のなさ』という拠り所」、加野芳正・矢野智司編『教育のパラドックス・パラドックスの教育』東信堂、一九九四年。どれも「強烈」な批判であり、共感したり反発したり、心地よい混乱を、私にもたらした。しかし、こうした批判の攻撃対象は何なのか、その射程はどこまで広がるのか、こうした批判は共通の人間観を持つのか、「ポストモダン」とくくってよいのか、その批判のたどりつく人生イメージはいかなるものか、「完成を断念した宙吊り状態」「非同一的な同時多様多面性」ということか。「ライフサイクルにおける目的論をめぐる問題」として、改めて論じ直したい。

(13) フロイトの「抑圧」をめぐっては、それこそさまざまな議論があるが、私にとって衝撃的であったのは、アリス・ミラーの一連の著作、例えば、山下公子訳『禁じられた知』新曜社、一九八五年。

(14) ブライアン・L・ワイス『前世療法 一・二』(山川紘矢・山川亜希子訳) PHP、一九九一・一九九三年。まるでコスモロジーを異にするこうした書物を、ここに忍び込ませるには多少のためらいがある。しかし、抑圧の問題をはじめとして、ライフサイクルの問題を「輪廻」という視点から逆照射してしまうその視点は、私には新鮮であった。この点については、西平直『魂のライフサイクル』(東京大学出版会、一九九七年)。

(15) G・オールポート『人格心理学 (下)』(今田恵他訳) 誠信書房、一九六八年、第一六章「パーソナリティの統一」。

(16) V・フランクル『夜と霧』(霜山徳爾訳)、みすず書房、一九六一年、一七八頁。

(17) 今田高俊『モダンの脱構築』中公新書、一九八七年、一八頁。高度大衆消費社会が、コンサマトリーな価値を求めてゆくと、自らの経済的基盤を成り立たせている産業・労働・手段合理性・きまじめさを突き崩すことになる。そのために、コンサマトリーの要求は、逆説的に、テクノクラートを必要とし、彼らによる産業管理・管理社会を招くことになる。このパラドックスの自覚は重要である。

(18) 都筑学「青年の時間的展望の研究」『教育学論集 三三』中央大学教育学科、一九九一年に依る。

(19) 「時を形にする」という点については、視覚芸術における時間性の表現をテーマとした展覧会、「時間/美術」(滋賀県立近代美術館、一九九四年) のカタログ (図版、解説、並びに七氏の論文) が、実に興味深かった。

(20) B. Neugarten, Adult Personality : Toward a psychology of the life cycle, in; B. Neugarten, ed., *Middle Age and Aging*, University of Chicago Press, 1988, p. 144.

(21) J・クローセン『ライフコースの社会学』(佐藤慶幸他訳)、早稲田大学出版部、一九八七年、第八章「中年期」参照。

(22) R・リフトン『現代、死にふれて生きる』(渡辺牧他訳)、有信堂、一九八九年。少々意訳し過ぎた訳題をつけられ、めったに言及されることのない、このリフトンの著作は、原題を、*The Life of the Self : Toward*

a new psychology (Basic Books, 1976) といい、フロイト、エリクソン、リフトンの三理論の比較を通して、死の問題を中核とした心理学・人間形成論を目指した、きわめて興味深いものである。

(23) この問いの「逆方向」が、ハイデガー哲学における「ケーレ（転回）」の構図と同型であることは、あらためて語るまでもない。人間（Dasein）の現存在分析論からはじめて、時間論に至り、そこから存在を解明してゆく話の方向と、逆に、存在が開示される場としての現存在を、文字通り、存在（Sein）が現前する場（Da）である限りにおいてのみ言及してゆく方向へのケーレ。この時、前期の現存在分析論はたんなる寄り道にすぎなかったとか、しかしあの『存在と時間』における緻密な分析を通らないで、後期の言葉だけが語られていたら、そんなものは道元や芭蕉の言葉の足元にも及ばないとか、様々な議論を聞かされてきた私たちは、もはや、そのケーレの時間を行きつもどりつ、何度も思索の内側で繰り返しながら、人生途上の実感を足場に、「時が人生になる」出来事を言葉の内に写しとる作業を続けてよい地点に立っているように思われる。

(24) 大橋良介『時はいつ美となるか』中公新書、一九八四年。

(25) この文脈において、「運命」あるいは「運」という言葉、もしくは「偶然」や「縁」といった言葉が考察の中心的な位置を占めることになる。読みやすく、しかも深い洞察を秘めた好書として木田元『偶然性と運命』（岩波新書、二〇〇一年）。その先に九鬼周造の、用意周到かつ難解な、偶然性をめぐる諸論考が待ち構えている。

幕間劇4 「ふりかえり」の詩学――体験から学ぶとはどういうことか

体験すればわかるのか

「ふりかえり」とは何をする時なのか。何をすれば、参加した学生にとってもっとも意味ある時間となるのか。それは、大学の教師としての私を悩ませた、最も深刻な問いのひとつでした。

たとえば、教育実習を体験してきた学生たちは「事後指導」を受けます（「事」の「後」まで「指導」を受けねばならないのです）。そのとき、何をすることが、「本当の意味」で、学生たちのためになるのか。毎年考え込んでいたのです。

ある年、「主任」として話をすることになった私は、学生たちにこんな挑発を試みました。「……授業だけ聞いても、体験しないと本当のところはわからない。そういう批判にさらされながら、私たちは授業をしてきた。しかし、今日は私たちの方が問うてみたい、……。体験すればわかるのか。体験したからといって、本当にわかったと言ってよいか。……そもそも、本当に体験したのか。二週間、その場に居ただけではなかったか。二週間、指示に従っていただけではなかったか。〈体験から学ぶ〉という意味で、何か本当に学び取ってきたか。……」

私にしてはかなりの挑発です。でも、「終わった」と安心しきっている学生たちを本気にさせるには、このくらい挑発しないと伝わらないということを、何年かの経験が私に教えたのです。

それだけではありません。学生たちと合宿に行き、体験学習を共にし、フィリピンの山の中でホームステイをするといった、いくつかの経験を重ねる中で、実は、この最後の「ふりかえり」をないがしろにすると、学生たちの中で「経験として残らない」という、ある種の焦燥感のようなものが、私の中に生じていたのだと思います。

「ふりかえり」とは何か

しかし、あらためて、ふりかえりとは、何をする時なのでしょうか。

小学校の頃には、「反省会」という時間がありました。何をすればよいのか、よくわからないまま、ただなんとなく、自分の「悪いところ」を正直に告白することだと、思っていました。ある種の「ピューリタン的猜疑心」。我が身の振る舞いを厳格な超自我によって裁断し、それを、実は、始めからすべてお見通しの先生に報告する。だから嘘はつけない。正直さと正義感が試される。そんなふうに考えていたようです。

しばらくすると、「感想文」やら「レポート」という、これまたやっかいな宿題に悩む事になりました。これも遠足や実験についてまわる悩みの種。先生も同席していた場面など困ります。「先生も御覧になっていたように、……」とか、「あの時の先生の言葉通り……」とか。こんな、既に知っていることを読んで、先生はおもしろいのだろうかと、不思議に思ったものです。

「ふりかえり」は、そうしたレポートとは違います。まして反省会ではありません。ただ、ふりかえる、reflection。鏡に映し、鏡に映った自分の姿に立ち止まる。ただ、それだけ。でも、それをするとしないでは、決定的に違う。体験を「自分のもの」にできるかどうか。その分かれ目だと思うのです。

「ふりかえり」は、いってみれば、収穫の時です。体験の中で育てた果実を、自分のものとして取り入れること。もしくは「反芻」です。体験現場にいるその時は、実は、ただ詰め込んでいるだけ、咀嚼している時間がありません。次から次へと刺激を丸ごと飲み込んで、吸収する余裕がありません。ということは、体験しただけでは「食べた」ことにならないということです。口の中に詰め込みはした。でも、消化できず、吸収もしていない。それでは、自分を豊かにしたことになりません。

ですから、ひと呼吸おいてその体験をふりかえる、少し距離をとってふりかえる。その機会が、どうしても必要なのです。

重要なのは、この作業が「二番煎じ」ではないという点です。体験している最中は、実は、自分の心がどう反応したのか、私たちには、良くわかっていません。体験しつつも意識できずに残された「思い」がたくさんある。そうした、残っている部分を、新たに体験してゆく。それは、既に知っていることを繰り返すのとは、決定的に違うのです。

こうした意味での「ふりかえり」という言葉は、人間関係トレーニングのプログラムの中で使われ始めたようです。そして、その際、しばしば「プロセス」という言葉とセットになって使われました。

この「プロセス」は、「コンテンツ」と対になる言葉。コンテンツが行動の内容や中身を意味するのに対して、プロセスは、いわば、その行動に伴って生じた心理的反応を意味しています。

例えば、初めて会った時、挨拶をします。行動内容としては「挨拶をする」というただそれだけですが、心の中にはさまざまな反応が生じている。「実は、緊張したみんなをからかってみたかった」。それを見ていた回りのみんなの心の中にも、それぞれのプロセスが生じている。「人を食ったような彼の態度が目障りだと思っていた」とか、「目立つことは彼に任せよう」とか。

こうして、人間関係のプロセスが生じ、グループ全体のプロセスになってゆく。内容としては「挨拶をする」という単純な出来事の内側には、それこそ多様なプロセスが、乱反射するように影響し合って、進行してゆくというわけです。

「ふりかえり」という言葉が使われたのは、まさに、そうしたプロセスを共有した人達と、共通の体験をふりかえる場面においてでした。各自が自分の内面のプロセスに気づき、互いに伝え合う。誤解や食い違いをはっきりさせながらグループ全体のプロセスとして共有する。そして、そのプロセスを停滞させずに流してやる。

つまり、人間関係の中で生じたエネルギーを自然に流し、行き着くところまで展開させてみる。成るに任せてみる。Let it flow, Let it go、そして、Let it be。その意味で、「ふりかえり」それ自体が、新しいプロセスを伴う、新しい体験というわけです。

こうして、各自の内側での「ふりかえり」が、そのまま「分かち合い」になり、その分かち合いが積み重なって盛り上がり、自然発火する仕方で「打ち上げ」になってゆく。そうした祭りにつながるエネルギーを内に秘めた静かなふりかえりを、どう工夫するか。スタッフの役にまわるたびに、いつも悩んでしまうのです。

体験と経験

ところで、よく知られているように、こうした「体験」や「経験」について深く思索し続けた人に、森有正がいます。彼は、「経験」ということについて経験を重ね、その中から深い言葉を残してくれました。

森は「体験」と「経験」という二つの言葉を明確に区別します。例えば、次のような文章。

「経験と体験とは共に一人称の自己、すなわち「わたくし」と内面的につながっているが、「経験」では、〈わたくし〉がその中から生れて来るに対し、「体験」はいつも私が既に存在しているのであり、私は「体験」に先行し、またそれを吸収する。……しかもこの「経験」と「体験」とは、内容的には、同一であることが十分にありうる。差異は一人称の主体がそれとどういう関係に立つか、によって決まるのである。……」(『経験と思想』岩波書店、一九七七年、三三頁)

一度読んだだけではなかなかわからない、三度読み直して、ようやく話の筋が見えてくるような語り方ですが、わかってしまえば事は簡単。同じひとつの出来事が、「体験」になるか「経験」になるかは、本人次第。本人がその出来事とどう関わるか。その態度によって決まるというのです。

では、態度の何が問題かといえば、「私」がその出来事を取り入れるのか、逆に、その出来事によって〈わたくし〉が変わるのか。いわば、私が先か、出来事が先か、その違いです。

一度、ここで、用語を整理します。出来事に先立って既に存在する自分は、漢字の「私」。その私が自分の理解に合わせて出来事を裁断し、取り入れるのが「体験」です。それに対して、出来事の中で新たに生じて来る自分は、山カッコのついた平仮名の〈わたくし〉。その〈わたくし〉が、まさにその中から成り立って来る場が「経験」となります。

したがって、「体験」によっては、「私」は変わらない。「経験」によってのみ、人は新たな〈わたくし〉になる。そして、新たな〈わたくし〉にならなければ、本当の意味で出来事を経験したことにはならないというわけです。

「経験というものは、感想のようなものが集積して、ある何だか漠然としたわかったような感じが出て来るというようなことではなく、ある根本的な発見があって、それに伴って、ものを見る目そのものが変化し、また見たものの意味がまったく新しくなり、全体のペルスペクティーヴが明晰になってくることなのだ。」（「ひかりとノートルダム」『森有正全集』三巻、筑摩書房、一九七八年、五〇頁）

「経験」は発見を伴い、発見は変化をもたらします。ですから、「経験」という言葉と並んで、「自己が透明になる」とか、「ものが真にものに還るのを待つ」とか、更には「真の客観性」と言い換えられることになるわけです。

しかし、「自分を変える」と、言葉は簡単ですが、それは大変な混乱をもたらします。良い方向に変わるという保証はどこにもない。自信をなくし、立ち上がれなくなる危険も含め、まるで無防備になってしまうのです。それでも自分を経験の中に開いてゆくのかどうか。それが問われているというわけです。

これは、ある種の実存的決断が求められているということです。ところが、森の文章には、そうした決断を更に通り抜けてしまったような、もっと深いレベルが出てきます。


「経験ということは、何かを学んでそれを知り、それを自分のものとする、というのと全くちがって、自分の中に、意識的にではなく、見える、あるいは見えないものを機縁として、なにかがすでに生れて来ていて、自分とわかちがたく成長し、意識的にはあとからそれに気がつくようなことであり、自分というものを本当に定義するのが実はこの経験なのだ、ということの理解を含みます。」(「パリの生活の一断面」『森有正全集』三巻、一四〇頁)

意識的に経験するのではない。むしろ経験の方が、自分の中に入り込んで来て、自分は後からそれに気づくのです。しかも、その自分を定義するのは、実はこの経験なのだというのです。

こうなると、もはや、「経験を利用する」などという言い方はできません。「経験から学ぶ」という言い方もあやしくなります。むしろ、経験によって〈わたくし〉がある。〈わたくし〉という言葉の内側を満たすのは、まさにこの経験である。「私」が体験するのではない。経験によって〈わたくし〉が定義されるというのです。

「ふりかえり」の「詩学」

さて、そうすると困ってしまいます。「体験から何かを学ぶ」という、その発想そのものが、間違いではないか。その問いの立て方からして傲慢なのではないか。

もしくは、森有正の用語法に従えば、体験からは学ぶことができる。体験なら利用できる。しかし、同じ意味で、経験から「学ぶ」ことはできない。「そこから何かを学ぼうとする態度」は、体験にのみ通用する。しかし経験にはなじまない。正確には、そこから何かを学ぼうとする生真面目さが、「経験」をつぶしてしまう。思いもよらない変化が自分の中に芽生えてゆくその柔らかさを、何かを学ぼうとする生真面目さが、壊してしまうということです。

そうなると、ますます、わからなくなる。「体験から学ぶ」とか、そのために「ふりかえる」とはどんな意味を持つのか。結果的には、経験を壊す事にならないか。スタッフとしては、ますます、自信をなくしてしまうのです。

ここには、いくつかの深い問題が絡み合っていると思います。たとえば、経験を「言葉」によってふりかえることに、どういう意味があるのか。もしくは、そもそも、経験は言葉で語り得ることなのか。

出来事を経験しているその時、人はしばしば言葉を失います。言葉の正確な意味において、言葉が意味をなさなくなってしまうのです。
　ならば、経験として引き受けるためには、むしろ、言葉など捨てた方が良いのか。言葉にこだわるから、せっかくの「経験」を「体験」に引き止める。自分の理解に合わせて現実を裁断してしまう。それよりも、柔らかい感覚に身をゆだね、生の実感の中で現実に触れた方が良いのではないか。むしろ、「言葉にする」という作業それ自体が、そもそも「経験」に馴染まないのではないか。
「ふりかえり」の作業は、「言葉」にこだわります。文字にするなり、他者と話し合うなり、「言葉にする」という作業を通して経験をふりかえるわけです。しかし、もし経験がその本質において言葉と相容れぬものであるなら、あえて「言葉にする」という困難な作業にどれだけの意味があるのでしょうか。

　十分に整理できるわけではないのですが、今のところ、こんなふうに考えようと思います。確かに、深い経験は、ひとから言葉を奪います。しかし、言葉にしても仕方がないかといえば、そんなことはない。まさに、その「言葉にならないこと」を大切にするからこそ、あえて言葉にする。逆説的ですが、そう思うのです。

　できるかぎり工夫する。でも、掬い取れない何かが残る。言葉にならない生の事実がある。言葉にしようと工夫をすればするほど、その先に、言葉にならないアクチュアルな現実が見えてくる。おそらく、それこそが、最も深く自分の内側に入ってきたこと。経験の中で一番大切なこと。

　しかし、それを、まるごと、そのまま捕えることは、私たちには許されない。許されているのは、言葉によって少しずつ、その「何か」を実感すること。

つまり、言葉にする工夫をすればするほど、より一層、言葉にならない深い領域に近付いてゆく。そうした意味で、言葉にすることによって、経験を深く自分の中にしみ込ませてゆく。言葉によって内側を探れば探るほど、経験は、より一歩先へと逃げてゆく。より内側の深いところに入り込んでゆく。

そして、その〈わたくし〉の内側に入り込んだ経験が、ある時突然、方向を変えて経験自身の側から姿を現す時、それを「気づき awareness」というのだと思います。その意味で、言葉が「気づき」をもたらすわけです。

しかし、ただ言葉にすれば良いというわけでもありません。やはり、それに見合った「時」がある。経験を言葉にするのに、ふさわしい「時」があるのだと思います。

言葉にならない経験が、自分の内側で熟してゆき、時満ちて、言葉の中に姿を映し出す。そのタイミングを見抜くことができるかどうか。時が熟す前でもダメ、熟し過ぎてもダメ。

まだその「時」ではないのに、言葉だけのふりかえりを強要したら、つぶしてしまいます。内側で生じつつある成熟プロセスが、早産してしまいます。でも、逆にその「時」を逸したら、今度はもっと言葉になりにくくなります。熟し過ぎて、腐らせてしまうことにもなりかねません。

そう考えると、多くの学生たちを一度に集めて一斉に「ふりかえり」などというのは、実に乱暴なことです。暴挙とすら思えてきます。

では、個別にやれば良いかといえば、そう簡単でもない。ひとりひとりの、その「時」がいつなのか、私たちにはわからない。というより、本当は、本人にもよくわからないのだと思います。そうであれば、やはり、どこかで「区切り」をつけるしかない。さしあたり、外から促されることによって、恐る恐る、言葉にしてみるしかないと思うのです。

スタッフの側も、恐る恐る、突《つっ》いてみる。そろそろ「時」ではないか。促しぎみに、でも、待つ覚悟で。ためらいがちに、突いてみる。まさに、啐啄（そったく）。啐啄同時。卵を外から突く時と、内側から突く時との妙を得た一致。その「一致」を信じる。危険を承知で、でも信じる。「ふりかえり」とは、本来的に、そういう危うさを伴うことなのだと思います。

しかし、ここまで来ると、話はもはや人の手を離れてしまいます。「ふりかえり」は、恵みを待つしかない。恵みとしての啐啄同時を信じる以外にないように思われるのです。

仕掛けと気づき

ところが困ったことに、スタッフは何か企画を立てねばなりません。本当は何もしないほうが良いのに、でも、何かする、しなければならない。その時、何が一番大切か。

実は、大切なのは、最も瑣末なことではないか。具体的なこと。実務的なこと。技術的なこと。事柄に即した（sachlich な）こと。そうした細部のプロセスを丹念にたどることが、実は、一番大切なことではないか。

経験から学ぶかとか、自分にとっての意味とか、その全体的な構造化とか、それらは、いわば、「あと」でいい。もしくは、具体的な事柄を語りながら、静かに待っていればよい。大切なのは、むしろ、事の細部をていねいに言葉の内に納めてゆくこと。その点に焦点が合うように、仕掛けてゆけばよいのだと思います。

そうした作業の中で、既に知っていたつもりの知識が、あらためて自分のものとなる。あるいは、自分の方が透明になってきて、事柄それ自体があちらの側から姿を現してくる。その中で、この出来事が自己満足に終わる「体験」なのか、それとも、今後に続く新しい気づきをもたらす「経験」なのか、その違いが見えてくる。自分にとっての意味が透けて見えてくる。

つまり、事柄と言葉との間を丁寧に往復する作業の中で、自然に始まる「気づき」。それこそが、一番大切にされるべきことであるように思うのです。

しかし、こうした結論だけが独立して、一人歩きをするとき、それは危険な結果に繫がります。〈実務的・技術的〉という言い方で、「反省会」にしてしまう。〈何もしない方が良い〉という口実のもとに、大切なふりかえりを粗末にする。〈経験からは学べない〉という言い方で、努力も工夫も意味がない、どうせ何をしたって同じこと、そんな気持ちにさせてしまうことになる。

ですから、スタッフを務める以上、まずは「体験から学ぶ」ことを、ねらいとする。言葉にする努力を課してみる。

しかし、その作業のどこかで反転が生じる。もはや人為的な努力ではない。むしろ努力を放棄するという仕方で、経験そのものに対して謙虚になってゆく。

おそらく、その反転の瞬間が大切なのだろうと思います。経験に対して謙虚で「ある」ことが大切なのではなくて、それに対して謙虚に「なってゆく」というプロセス。そのプロセスこそが重要。

そして、そのプロセスの中にこそ、「体験から学ぶとはどういうことか」という悩ましき問いが明らかにしたかった事柄の本質が、姿を現しているように思うのです。

あとがき

三年続けて、フィリピンの少数民族イゴロットの人びとを訪ねたことがある。ある村で出会った子どもの中に、ひとり、とりわけ色の黒い男の子がいた。目つきが鋭く、みんなから離れている。拒否されているという以前に、むしろ、自分から皆を拒否しているように見えた。帰り道、案内役の学生が、声をひそめて説明してくれた。その子の母親は、以前、サウジアラビアに家政婦として働きに出ていた。働き者として有名なフィリピン女性は世界中に出稼ぎにでる。ところが彼女は、そこの主人に騙され身籠ってしまった。なけなしの金と共に、失意のうちに国に帰った彼女は、ひとり、子どもを産んだ。誰にも歓迎されない肌の色の違う子。彼女は必死にわが子を愛した。しかし成長するにつれ、わが子は思い出したくない男の姿を、彼女に思い起こさせる。

「彼は、undesired child なのです。」案内役の学生はそう言った。英語にそういう表現があることは私も知っていた。しかし、その言葉の本当の意味に出会ったのは、その時が始めてである。

その親子と会ったのは一度きりである。しかし、人の運命ということを思うたびに、繰り返し思い出す。一人片隅でこちらを鋭く見つめていた、顔つきも肌の色も違う、体の小さな男の子。彼は、自分が、母から歓迎されていないことに、気づいていたのだろうか。自分が、母にとって疎ましい存在であると、知っていたのだろうか。そして、やはり自分の肌を憎むのか。誕生を呪い、自分を怨み、これからずっと、すべてを拒否し続けてゆくのだろうか。

自分が誰からも歓迎されていないことを、文字通り、肌身に感じ続ける少年。その彼が、自分を受け入れ、他人を信じ、心から笑うことができるのは、どういう時なのか。そして、教育という営みは、そうした存在の切なさに届くか。

届かない。教育という営みは、そうした切なさには届かないのだと思う。

しかし、そんなことは、初めから分かっていたことである。教育という人の手によって、心の深い切なさが癒されるはずはない。教育によってすべてが良くなるなどという発想（幻想）は、私には始めから、なかった。では教育など無力か。それが私にとっての問いであった。

本当に教育は何の役にも立たないか。どんなに努力しても同じことなのか。私は始めからそのような問いの立て方をしていたのだと思う。その意味では、教育は私にとって、始めから「にもかかわらず」なされる営みである。限界は見えている、にもかかわらず、関わる。

教育の限界を知ることは、しかし、教育の放棄とは違う。限界を知りつつ、にもかかわらず、引き受ける。ギリギリのところで、でも、もう一度、やり直してゆく。諦念を底に秘めた再挑戦。その動き出しの瞬間に、私は期待しているのだと思う。

長い学生生活を終えたある年の春、私は大学の教職課程の教師になった。その初日、本当は始まる前から、既に気付いていた。実は私はこの若い人たちに伝えたいと思うことがない。教師になろうとする若い人たちに伝えたい言葉が自分の中にない。にもかかわらず、毎週学生たちの前で話をしなければならない。講義とは私にとって、自分の言葉が試される場以外の何物でもなかった。自分の言葉が欲しい。学問の言葉など役に立たない。少し強迫的になっていた。自分の内側で育った、自分で責任を持つことの出来る、自分が本当に思いを込めて伝えたいと思う言葉。そんなことばかり考えていた。

暗中模索の数年が過ぎ、ようやく少し落ち着き始めた頃、職場を移る話が来た。古巣に戻る甘えがあったのだろうか。これまたまったく始めから打ちのめされることになった。スタッフの一員として体験する研究室は、院生の立場で体験してきた空間とは、まるで匂いが違った。研究の指導などできない。研究したくない。本心ではそう思っている私の心の隙間を、院生たちは鋭く見抜き、批判の矢をむけた。研究者の力量とはどういうことか。優れた論文とはどういうことか。自分では何とか誤魔化し、やっとの思いですり抜けてきたそうした問いを、今度は院生たちから突きつけられる仕方で、あらためて、始めからやり直すことになった。

本書に収められた文章は、この二つの転機を跨いだ時期に書かれた。執筆の機縁は様々に異なる。しかしその発想は間違いなく、学生たちを前にした困惑の中で芽生えた。あるいは、院生たちとの葛藤の中で生じた。同業者からの評価は、まったく気にならなかったと言えば嘘になる。しかしそうした評価より、身近な院生や学生たちの言葉の方が、よほど怖かった。その場では痛みを感じない。にもかかわらず、気がつくと、彼らの「まなざし」に振り回されている我が身に愕然とした。正確には、そうした関係に入るや、私の内側の何かが勝手に反応し、必要以上にその「まなざし」を警戒する。のみならず、止《よ》せばいいのに挑発し、勢い余って啖呵を切ってみたりする。「転移／逆転移」の話などまさにそうした我が身を映す鏡、「出会い」も「ふりかえり」も学生の話に託けて語りはしたものの、何のことはない、こうした日々の営みの中で繰り返し感じてきたことであった。

ところで「教育人間学」とは何か。……教育という営みを通して人間を問う学問、人間形成に関わる総合的な知の営み……。様々に言葉を並べてみるのだが、納得できたためしがない。ほとほと困り果てた末、ある時期から、私はこう答えるようになっていた。……教育人間学とは、分かっていたことを分からなくする学問である。

教育とか、人間形成とか、考え始めると分からないことばかり。本当のところ確かなことは何一つない。「わかる」と言えるのは、ある前提の上に立つ場合のみ。その前提を掘り返すと、また分からなくなる。どうすることが善いことなのか、まるで分からなくなる。教育人間学とは、そうした掘り返しの作業、「わからなさ」に留まり続ける営みである……。

それでは説明になっていない、と言われるならば、たとえば、こういうことである。この本は、教育と人間を大切にする。しかし、この本の狙いは、教育から離れ、人間から離れることである。「離れる」とは、この場合、縛られないこと、距離をとること。しかし、離れ去ってしまうのではない。もう一度出会い直す。引き受け直す。そうした還り道のダイナミズムを含んだ「離れる」である。

教育人間学は、教育への一途な期待ではない。むしろ、教育という営みの限界を確認し、その営みの根拠のなさを確かめる。何が善いことなのか、何が子どものためになることなのか、議論の前提を掘り返してゆく。

しかし教育の否定ではない。まして告発ではない。そうではなくて、一度教育への素朴な期待から離れた後に、あらためて教育に出会い直す。そうした反転を内に秘めた仕掛けである。

しかし出会いは持続しない。教育への自信は、いともたやすく、過信になり、執着になる。そして自己顕示になってゆく。自分に縛られたままの威勢のよさ。目立ちたがりのマニュアル。無意識的なコンプレックスに囚われているだけの権威主義。

だから離れる。自分から距離をとり、教育への執着から我が身を引き剝がす。しかし、自信をなくすのではない。距離をとりつつ自信を持ち、自信を持ちつつ縛られない。〈出会いの中に離れる動きを仕込んでおき、離れる動きの中に出会い直す動きを仕込んでおく〉。そうした、どちらの極にも執着することのないダイナミズムを、教育人間学は大切にしたいと思っているのである。

同様に、教育人間学は、人間中心の発想から離れようとする。人間の否定ではない。むしろ人間を大切にする。その拠って立つ視座をあらためて自覚する。ただ、自らの立脚点をそれとしてはっきり自覚するのは、その立場を一歩踏み越えてしまった時である。

たとえば、地球・自然・他の生き物たちの視点。その視点から見るとき（想定してみるとき）、自然は、人間に利用されるために存在しているわけではない。他の生き物たちにも人間と同じだけ生きる権利がある。否、その言い方も、まだ傲慢。すべてのいのちが同等にそれぞれ独自の価値を持っている。同じいのちを分け持っている。人間もそのほんの一端。

しかし私たちはやはり人間の視座から見ている。少なくとも言葉をもって語るとき、その立場拘束性は免れ難い。ならば、必要なのは、人間の立場に「縛られない」人間の立場ではないか。人間の知の限界を肝に銘じた（不可知論を内に秘めた）知の営み。人間の立場からしか語りえない（立場拘束性の）自覚と、人間とは異なる（人間を越えた）視点へと広がりゆく飛躍と、その二つのベクトルを何度も反転するダイナミズム。教育人間学は、そうした反転する動きを大切にしたいと思っているのである。

おそらく、私たちは、あまりに多くのことを知りすぎたために、何か大切なことが聴こえなくなった時代に生きている。その時、何が必要か。かのキェルケゴールは、かつてこんな話をした。……空腹のあまり食べ物を口一杯に詰め込んだ人。あまりに詰め込みすぎたものだから嚙むことができない。この人の空腹を満たすためにはどうしたらよいか。

このとき、もはや無為自然では、間に合わない。食べなければ（何もしないのが）一番良いのだろうが、もはや手遅れ。まずは取り除くことから始めなければならない。空腹を満たすために、逆説的だが、食べ物を取り除く。取り去る（離れる）という仕方で動きを回復し、味わいながら嚙むという感触を、徐々に取り戻してゆく。

出会うためには、離れなければならない。離れているから、出会うことができる。〈出合いの中に離れる動きを仕込んでおき、離れる動きの中に出会い直す動きを仕込んでおく〉。その反転するダイナミズム。それがあって、初めて、縛られずに、出会い直すことができる。執着せずに、その都度、新鮮に受け取り直すことができる。教育人間学は、そうした小さな「驚き」を大切にし続けるための仕掛けなのである。

この本は断念と共に始まった。ここに収められた文章は、もともと、とりあえずのラフスケッチとして書かれた。それぞれのテーマは、より本格的な考察の下に発表されるはずであった。負け惜しみを承知で言えば、それぞれ十年ずつ時間を掛けても惜しくない課題だと思っていた。ところが年々新しい課題に出会う。ラフスケッチばかり増える。本当にいつか本格的な仕事をする時間が来るのだろうか。無理ではないか。そう思い始めたのは、かなり以前である。ならば、たとえ暫定的であれ、一度、まとめてはどうか。

ところが、私の場合、ひとつの仕事が開始されるまでに、数年の潜伏期間を必要とする。まして今回は、一度発表し、不満と後悔にさいなまれた後の編み直し作業である。最後まで満足できず、本来ならば…と未練がましいことを言う自分に呆れながらの作業であった。

それでもなんとかここまで辿り着くことができたのは、ひとえに東京大学出版会の後藤健介氏のおかげである。後藤さんは天性の嗅覚で私のペースを見抜き、急《せ》かすことなく、忘れることなく、何年も時間をかけて、私をここまで連れてきてくださった。この場をお借りして心からのお礼を申し上げたい。

そして、奇妙なのだが、もう一言、お礼。私の講義に付き合ってくれた学生たち。いつも議論に付き合ってくれる院生たち。本書は、皆さんとのやりとりなしには生まれなかった。しばしばモノローグに陥りがちな私を、なんとか対話の場へと連れ出してくださった皆さんに、心からのお礼を申し上げ、本書を捧げることにしたい。

二〇〇五年二月九日

西平　直

わ　行

た　行

な　行

は　行

ま　行

や　行

ら　行

索　引

あ　行

か　行

さ　行

著者略歴
1957年甲府市生まれ．信州大学，東京都立大学，東京大学に学び，立教大学，東京大学，京都大学に勤務の後，2022年4月より上智大学グリーフケア研究所・特任教授．京都大学名誉教授．専門は，教育人間学・死生学・哲学．

主要著書
『エリクソンの人間学』（東京大学出版会，1993年）
『魂のライフサイクル』（東京大学出版会，1997年）
『世阿弥の稽古哲学』（東京大学出版会，2009年）
『無心のダイナミズム』（岩波現代全書，2014年）
『誕生のインファンティア』（みすず書房，2015年）
『ライフサイクルの哲学』（東京大学出版会，2019年）
『稽古の思想』『修養の思想』『養生の思想』（春秋社，2019，2020，2021年）
『井筒俊彦と二重の見』（ぷねうま舎，2021年）
『西田幾多郎と双面性』（ぷねうま舎，2021年）

教育人間学のために

2005年4月18日　初　版
2022年7月15日　第4刷

［検印廃止］

著　者　西平《にしひら》　直《ただし》

発行所　一般財団法人　東京大学出版会

代表者　吉見俊哉

153-0041 東京都目黒区駒場4-5-29
http://www.utp.or.jp/
電話　03-6407-1069　Fax 03-6407-1991
振替　00160-6-59964

印刷所　株式会社理想社
製本所　牧製本印刷株式会社

ISBN 978-4-13-051310-4　Printed in Japan